অটৈপণত

অবিনাশ কলিতা

pencil

ISBN 978-93-5667-864-4
© Abinash Kalita 2023

Published in India 2023 by Pencil

A brand of

One Point Six Technologies Pvt. Ltd.
Unit no. 26, Ground Floor, Building A1,
Wadala Truck Terminal Road,
Near Post Office, Antop Hill, Mumbai - 400037
E connect@thepencilapp.com
W www.thepencilapp.com

Author biography

জন্মৰ পৰা বৰ্তমানলৈ জীৱন চলি আছে,তাৰ সমানে অনুভৱৰ নৈখনো বহল হৈ গৈ আছে,সেই অনুভৱৰ আশ্ৰয়ত মনক জীপাল কৰা মানসেৰে মোৰ মগজুৰ চিকুণ অভিধানখন খুচৰি অলপ অলপকৈ এটি দুটি শব্দ উলিয়াই লিখিব চেষ্টা কৰোঁ।সেই অনুভৱৰবোৰ কোনোবাৰ ভাল লগিলে বৰ সুখী অনুভৱ কৰোঁ।

কবি বুলি পৰিচয় দিবলৈ কোনোবাখিনিত কষ্ট হয়,কিন্তু নিজৰ মতে অনুভৱৰখিনি কাগজত তুলিব পাৰিলে বৰ ভাল লাগে।বহুতে প্ৰশ্ন কৰে হিন্দী বিষয়ত স্নাতকোত্তৰ কৰা ল'ৰাজনে প্ৰায়ভাগ অনুভৱ অসমীয়াত কিয় লিখে!!তেওঁলোকলৈ মোৰ একমাত্ৰ উত্তৰ,অসমীয়া ভাষাত লিখি মোৰ বৰ ভাল লাগে..

CONTENTS

অনুভৱৰ সংগ্ৰহ -১

সপোন মানে ফাগুনৰ ঠিকনা,
প্ৰতিটো তমসাৰ ৰাতিৰ সজীৱ উদ্দীপনা।
সপোন মানে বহাগৰ আখৰা,
প্ৰতিটো নগ্ন ডালত উন্মাদনাৰ চেতনা।
সপোন মানে শৰতৰ ভাৱনা,
প্ৰতিখন বিৰক্ত হৃদয়ত হেঁপাহৰ কঁহুৱা।
কিন্তু,
প্ৰতিটো সপোনে দিঠক নেদেখে,
কেতিয়াবা সি বাস্তৱৰ হেঁচাত পৰি আধৰুৱা।
কিছুমান সপোন ফুটপাথত থাকে,
নিয়তিৰ নিষ্ঠুৰ দৃষ্টিত সি কুঁহিতে মৰহা।
কিছুমান সপোনে জোনৰ আশা কৰে,
কিন্তু তাৰ কেৱল তৰা হোৱাৰ সক্ষমতা।
আৰু কিছুমানৰ গোটেইখিনি আছে,
সি আকৌ উচ্চাকাংক্ষাৰ প্ৰতিযোগিতাত আগৰণুৱা।
প্ৰতিটো সপোনে দিঠক নেদেখে,
প্ৰায়ভাগে সময়ৰ আঁচোৰ লাগি আধৰুৱা।
কিন্তু প্ৰতিটো জীৱনে সপোন দেখে,
কাৰণ সপোনেই সকলোৰে উশাহৰ ভৰসা।

অৰ্পণত

****

অস্তিত্ব হেৰুৱা বাটত সৰাপাতৰ খোজ বিচাৰি
উদং মনৰ উপত্যকাত নীৰৱ ভাৱনাৰ হাবাথুৰি
এখোজ দুখোজ কবিতাৰ ছন্দত আজি ল'ৰালি
উচ্চাকাংক্ষাৰ নঙলামুখত আছিল লাখটকীয়া হাঁহি
সপোন এজাক উৰি আছিল বুকুৰ কাষত উকি মাৰি
এতিয়া স্বপ্নৰ ভৰত টোপনি হেৰাইছে বৰ গধুৰ ৰাতি
জেপত থকা দুটকা এটাই পূৰাই দিছিল শূন্যতাৰ ঘাটি
আজিৰ চিন্তা কেৱল কোনটো পাৰত পুতিব ভৱিষ্যতৰ
খুটি!!!!!!!!!

****

মৃত্যুৰ মুখত হাঁহি দেখিছোঁ
ৰঙা হ'ব খোজা মনক,
হঠাতে বেৰং হৈ যোৱা দেখিছোঁ
মৰম উপহাৰ দিম বুলি,
গোৰ মাৰি খালত পেলোৱা দেখিছোঁ
জীৱনৰ জীয়াৰ হেঁপাহত,
মৃত্যুক বুঢ়া আঙুলি দেখুওৱা দেখিছোঁ
টিকা ফটা ৰ'দৰ উত্তাপত,
খালী গাৰে ঠেলা টানি থকা দেখিছোঁ
ৰাস্তাৰ কাষত খাব নাপাই,
চিঞৰি থকা হাজাৰ ভোকাতুৰ দেখিছোঁ
বিলাসী সোৱাদৰ নিচাত,

অপেণত

আধা কাঁহী ভাত নলাত পেলোৱা দেখিছোঁ
আধুনিকতাৰ কামিজ পিন্ধি,
বৃদ্ধাশ্ৰমত জন্মদাতাক আশ্ৰয় দিয়া দেখিছোঁ
সময়ৰ চাকনৈয়াত পৰি,
বহু ভদ্ৰৰ আচৰণে বাঘৰ সলোৱা দেখিছোঁ
কেতিয়াবা মেৰপাকত পৰি,
এসময়ৰ অভদ্ৰ জনে উচুপি উঠা দেখিছোঁ
উপজা দিনৰ পৰাই,
দেখি দেখি সকলোখিনি শিকিছোঁ আৰু দেখিছোঁ.....

****

মৃত্যুৰ ছবিখন ইমান সহজ কেনেকৈ?
পেঞ্চিল ডাল কাগজখনত লাগিব নৌপাঙঁতেই সম্পূৰ্ণ হৈ
যায়।
জীৱনৰ সাঁথৰটো ইমান সহজ কিয়নো?
প্ৰশ্নটো সম্পূৰ্ণ নোহোৱাকৈ কেতিয়াবা উত্তৰ আহি কাণত
পৰি যায়।
সঁচাকৈ নিয়তি ইমান নিষ্ঠুৰ হয়নে?
ভৱিষ্যতৰ বাটত বেৰ দি, প্ৰতিটো সেউজীয়া বৰ্তমান
আঁজুৰি লৈ যায়।

****

সময়ে সকলো শিকাইছে..
এই যে আজি গোলাপ ফুলি আছে

বুকুৰ চহৰত প্ৰণয় সমীৰে হাঁহি আঁকিছে,
স্বপ্নৰ দলিচাত কৃষ্ণচূড়াৰ ৰঙা পাহিবোৰ সৰিছে।
ঘড়ীৰ বেগক প্ৰশ্ন কৰি চোৱা এবাৰ,অহাকালি কেইটা
বাজিছে??
আজি কোনোবাৰ হেঁপাহ কাটি ফূৰ্তি কৰিছে,
কোনোবাৰ ফাগুন টানি আনি কোনোবাক ৰঙাইছে,
সদায় জীপাল হৈ থকা চোতালখন শুকাই দুটামান ফাট
মেলিছে।
কেতিয়াবা কপাল খনক সুধি চোৱা না,ভবিষ্যতলৈ বুলি
কি লিখি থৈছে??
উচ্চাকাংক্ষাই আবেগ অনুভুতি গচকি আগবাঢ়িছে,
আজি নিজৰ বাহিৰে কোনেনো কাৰ কথা ভাবিব পাৰিছে!
কোনোবাৰ মনত সপোন ফুলাৰ লগে লগেই কোনোবাই
আঁজুৰিছে,
কিন্তু,সময়ৰ খেলখনত আজিলৈ কোনেনো ক'ত জয়
হোৱা বুলি ক'ব পাৰিছে!!
তোমাৰ আকাশখনত আজি জোনাকে কেলি কৰিছে,
কিজানিবা তমসাৰ লগৰী ডাৰৰবোৰ অহাৰ প্ৰস্তুতি
চলাইছে!
আশাবোৰ দূৰত ৰাখি মৰমবোৰ দিয়া জনেহে হেনো সুখ
বিচাৰি পাইছে।
এনেও মৃত্যুৰ কিছুদিন পিছতেই বিশেষ জনকো আপোন
বোৰে পাহৰি যোৱা দেখা গৈছে।

****

বন্ধ খিৰিকিৰ সুৰুঙাৰে ৰ'দালিৰ হাঁহি দেখি,
আহিব লগা দিনটোৰ ৰংবোৰৰ আশা সাবটি বিছনা এৰা

মানুহ মই।
ৰাতিপুৱা শুই উঠি অভ্যাস লাল চাহৰ জুতি,
যদি কোনোবাই ৰুটিন সলাই চেঁচা পানী এগিলাচ দিয়ে
আনি।
ভাললগা বিলাসী শব্দ অহা নাই মনত আজি,
বৰ প্ৰিয় বৰষুণজাকে বাৰে বাৰে অসময়ত আহি কৰি
আছে আমনি।
বৰ জোৰৈকে আহি গোলাপ জোপা লঠঙা কৰা তুমি,
কেতিয়াবা বেৰসিক দুপৰীয়া আৰু নীৰৱ নিশাত ভালপাওঁ
বৰষুণৰ কবিতাবোৰ শুনি।

****

আপোনাৰ প্ৰেমত পৰাৰ কেইবাবছৰ হ'ল
মোৰ মনৰ কথাখিনি এদিনো প্ৰকাশ কৰা নহ'ল
শৈশৱতে বিৰক্ত হ'লেও ত্যাগ কৰা নহ'ল
এতিয়াটো সেই প্ৰেম লোৰ নিচিনা শক্তিশালী হৈ গ'ল
অস্থায়ী ধুমুহাই মোক উৰুৱাব নোৱাৰা হ'ল
শুনা মতে সাত জনমৰ পিছত আমাৰ এই মিলন হ'ল
তাতে আৰু মইজন পূৰ্ণাংগ মানুহ এজন হ'ল
আপোনাৰ অবিহনে হাজাৰটা সপোনৰ মূল্য শূন্য হ'ল
আপোনাৰ বাদে হাঁহি কান্দোনৰ অস্তিত্ব ক'ত ৰ'ল
সকলো বুজিব পাৰি মোৰ আৰু জীৱনৰ প্ৰেম হ'ল

▲▲▲▲▲▲▲▲▲▲▲▲▲▲▲▲▲▲▲▲▲**

আবেগ গচকি মুখত হাঁহি।
পিঠি খনত কিমান আৰু খুচিবি,
মৰমসনা সম্পৰ্কৰ নাম দি।
কোমল হৃদয়বোৰ বৰ লাহি,
জোতাৰে প্ৰহৃত হলেও নহয় প্ৰতিবাদী।
জীৱনত কিমান আৰু আগবাঢ়ি যাবি,
সত্যত থকা বোৰক হিংসা কৰি কৰি।
আজি কিন্তু আকাশৰ তলত শুৱা বোৰে,
বহুত সুখেৰে আছে তৰাৰ খেলখন দেখি।

****

কবিতা সৰিছে আন্ধাৰৰ বাটেৰে
শব্দবোৰ তেনেদৰেই পৰি আছে ও,
নীৰৱ নিৰাশ হৈ,,,,,
কল্পনা জাগি উঠিছে অচিন কলিজাৰে
সময়বোৰ এনেকৈয়ে গৈ আছে ও,

নেদেখা নৈৰ পানী হৈ,,,,,,

****

বন্ধু সেইজন,
যিজনে কেৱল জোকোৰা নামটোৰে মাত লগাব,
কিন্তু আনে জোকোৰা দেখিলে,তাক এষাৰ হলেও শুনাব।
বন্ধু সেইজন,

যিয়ে বেয়া পোৱা কথাটোত আনৰ আগত হলেও লাজ
দিব,

কিন্তু তোমাৰ ভালপোৱাৰ বাবে শেষ সময়লৈকে সকলো
দিব।

বন্ধু সেইজন,

যিজনে নিৰ্দিষ্ট এটা বন্ধুত্বৰ দিৱস পালন কৰিব ইচ্ছা
নকৰিব,

কিন্তু তোমাৰ প্ৰতিটো আঁউসীত খন্তেকীয়া হ'লেও
জোনাক আনি দিব।

বন্ধু সেইজন,

যিয়ে তোমাৰ মুখৰ পৰা চিগাৰেটটো তানি আনি পেলাই
দিব,

সেইজন নহয়,যিয়ে তুমি মদ নাখালে নাৰী বুলি ইতিকিং
কৰিব....

****

শৈশৱৰ পৰাই এই শৰৎ বৰ প্ৰিয় মোৰ,
তোমাৰ অনুপস্থিতিত নিয়ৰে সাবটি ৰাখিছিল হিয়াখন।
শেৱালিৰ বুকুত জোনাক ৰঙত বিভোৰ,
আহিনৰ সন্ধিয়া জীপাল অনুভৱখিনিত তোমাৰ
আগমন।
মলয়াৰ চুমাত নৈ পাৰৰ কঁহুৱা বন আতুৰ,
তুমি বুলি শুনাৰ লগে লগেই বুকুত প্ৰীতিৰ বিশাল
আয়োজন।

আৰু বহু কথাই বাকী প্ৰণয়ৰ শাৰদীয় ঋতুৰ,
আৰু তোমাৰ কথা কবলৈ গ'লে মুখখন চলিয়েই থাকিব
আজীৱন...

****

বিলাসী সপোন দেখি অহংকাৰ কৰিলে কি হ'ব,
যদিহে অন্তৰে তেজৰ চিনাকিৰ বিলাসী মৰমবোৰক
নুবুজে।
দুদিনহে থাকিব পাৰিবা ভাই তুমিও এই জগতত,

কাৰণ তোমাৰ ধনে সৰগৰ অমৰ অমৃতৰ মূল্য দিব
নোৱাৰে।

****

বৰ মনত পৰিছে আজি তেওঁলৈ,
নিশাৰ নীৱৰতাই খহাই আনে ডাৱৰবোৰ,
জীপাল অনুভৱে গতি কৰে চকুযুৰিলে।
নিদ্ৰাহীন নিশাবোৰৰ বিৰক্তিকৰ সময়খিনিত,
তেওঁৰ আঙুলিৰ বুলনিত যাদু আছিল সঁচাকৈ।
তেতিয়া ভাল পাইছিলো নিৰ্জন সন্ধ্যাবোৰ,
এতিয়া বেয়া পাওঁ, কাৰণ তেওঁলৈ মনত পৰে বৰকৈ।
তেওঁৰেই জগতখনৰ লগত পৰিচয় কৰাই দিলে,
তেওঁৰেই শিকাইছিল মানুহ হৈ চলিবলৈ।

সেয়ে দুদিন হলেও নোৱাৰো,
তেওঁক নয়নৰ পৰা আঁতৰত ৰাখিবলৈ।
আজি বৰকৈ মনত পৰিছে মোৰ মালৈ।

****

তোমাৰ সুবাস পালে উদং হৃদয়খন উপচি পৰে।
তুমি অহাৰ পৰত ফাগুন নামি আহে।
কবিয়ে ঠিকেই লিখে, ফাগুনে প্ৰণয়ৰ প্লাৱন আনে।
শুকান ডালৰ বুকুৰে- বুকুৰে ৰং সানে।
শিমলুৰ ৰঙা দেখি ধূলিময় মুখবোৰেও হাঁহি দিয়ে।
পলাশৰ সলাজ চাৱনিত মন ভৰি উঠে।
আপোনাৰ ফাগুন বাৰু আগৰ দৰেই আছেনে?
কিয় জানো মোৰ শৈশৱৰ তুলনাত সেমেকা হব ধৰিছে!
যৌৱনৰ জুইত জীৱনে চেঁচা পানী ঢালিছে।
কাব্যৰ ভাষাবোৰ সময়ৰ ৰাগীত বেৰসিক হব খুজিছে।
যদিও প্ৰকৃতিয়ে ক্ষণিক মন ৰঙাইছে
তমসাৰ পৰিৱেশে কেৱল ভবিষ্যতৰ চিন্তাত মগন
কৰাইছে।
ডিগ্ৰীৰ প্ৰমাণ পত্ৰবোৰে ফাগুনক আদৰে,
নিবনুৱাৰ সংখ্যা দেখিয়েই আকৌ ফাগুন প্ৰত্যাগমন
কৰে।
কিন্তু কেৱল ফাগুনৰ কামনাই মনত আঁউজী জীয়াই
ৰাখে।
খন্তেকীয়া হ'লেও ফাগুনেনেহে আবিৰ সানে।
সৰাপাতৰ বিষ খিনিত কৃষ্ণচূড়া সৰি উতনুৱা কৰি তুলে।

প্ৰেমৰ ঋতু ফাগুন এজনী প্ৰেয়সীৰ দৰে!
প্ৰিয়তমা কাষ চাপি আহিলে হৃদয়ে সংগোপনে কৈ উঠে,
তুমি আহিলে বুকুত প্ৰীতিৰ সমীৰে খেলে।
তেনেদৰেই প্ৰতিজনে জীৱনৰ ৰং খিনিৰ সপোন দেখে,
সেই সপোনবোৰৰ সীমনাতেই ফাগুন আছে।

****

মোক ভাল পাই কি পাবা

অতীত খুচৰিলে শূন্য পাবা

ভৱিষ্যতত নিশ্চয় শূন্য পাবা

বৰ্তমানত কেৱল নীৰৱ ধুমুহা

মোৰ দৰে তমসা ভালপাব পাৰিবা

লক্ষ্যহীন সপোন জানো ৰচিব পাৰিবা

প্ৰেম নাজানো,

কিন্তু আনে বেয়া নোপোৱাকৈ থাকিব পাৰিবা

মোৰ আপোন খিনিকে আপোন বুলি ভাবিব পাৰিবা

ভুলবোৰৰ মাজৰ পৰা ধনাত্মক দিশ উলিয়াব পাৰিবা

যদিহে ইচ্ছা কৰা,

এদিন মোৰ প্ৰিয় শূন্যতাৰ শান্তি খিনিক অনুভৱ কৰি
চাবা

তথাপিতো কৈছোঁ শূন্যৰ অনুৰাগীৰ প্ৰেমত পৰি কি লাভ
পাবা

হাজাৰ ধ্বনাব ইচ্ছা থাকিলেই কেতিয়াবা আহি চেষ্টা কৰি
চাবা

****

অট্টালিকাত থাকি ডাঙৰ হলা,
টিনপাত লগোৱা ঘৰত থাকি
বৰষুণৰ প্ৰতিটো টোপাল অনুভৱ কৰাৰ আমেজ ক'ত
বুজি পাবা।
চহৰৰ কোলাহল প্ৰিয় তোমাৰ,

গাঁওৰ সেউজীয়া ৰাতিপুৱাৰ বতাহৰ ৰং ক'ত দেখিবা।

****

নাৰী,
ফাগুন বনৰ মলয়াৰ সৈতে খেলা,
শুভ্ৰ ৰঙৰ আঁচল উৰুৱা পৰিভ্ৰমী চৰাইজনী।
তাই সিদিনা ৰঙা হৈ আছিল,
ল'ৰালিৰ বাগিচা খন ৰঙাই দিছিল উৰি ফুৰি।
লাহে লাহে তাইৰ যৌৱন পৰ আহিল,
উতনুৱা মন লুকাই থ'ব জনা হ'ল সলাজ হাঁহি মাৰি।
ধীৰে ধীৰে আৰু কিছু সময় বাগৰিল,
তাইৰো আমনি লাগিল বিদায়ৰ কথা শুনি শুনি।
পৰিয়ালৰ আকাশৰ ডাৰৰবোৰ লুকাই ৰখা,
মইনাই, আজি বিছনাতে আছে কান্দি কান্দি বাগৰি।
বেদনাৰ হিমে চেঁচা কৰা দেহাত,
নাপালে সমাজৰ আওপকীয়া প্ৰশ্নৰ উত্তৰ বিচাৰি।
নতুনত্বক আপোন কৰি ল'লে আজি,

আবেগ দলিয়াই আনৰ হাঁহিক ল'লে সাবটি।
এইবাৰ তাই বিশ্বাসৰ প্রতীক এজনী মাক হ'ল,
সন্তান নামৰ ক্ষুদ্র বীজক বৃক্ষ বনালে তুলি তালি।
থোকাথুকি খোজেৰে আগবাঢ়ি গৈ থাকোঁতে,
জগতে প্রশ্ন কৰে আজি অট্টহাস্য কৰি,
ক'ত গ'ল ডক্টৰ পুতেৰে তোক এৰি আজি।
এয়াই অৱসাদ বুজি নোপোৱা পবিত্র চৰিত্র, নাৰী।

****

শূন্য বৰ প্রিয় মোৰ,
কাৰণ মই আকাশ হব বিচাৰোঁ।
আজি যদিও মূল্যহীন,
কাইলৈ হেঁপাহৰ পিঠিত উঠি লাখ হ'ব পাৰোঁ।

****

দুৱাৰখন নেমেলিবি ভাই সকল,
মৃত্যু ৱৈ আছে ভাইৰাছৰ ৰূপত।
জীৱন আৰু ক'ত বিচাৰি পাবি,
পৰিয়ালটো আছিল সদায় সুখ দুখত।
আজি বিশ্বই কান্দিছে বিষাদত,
তথাপিতো কিছু আশা আছে ভেজাল মনত।
সময় থাকোঁতেই সাৱধান হৈ ল,
নহলে নাপাবি আৰু এই সময় কোনো জনমত।

উশাহৰ খেলখন বৰ মূল্যৱান ও,
হেৰাই গ'লে ক'ত পাবি আৰু অন্য এখন জগতত।
চকুত কেৱল এৰি অহা ফাগুনে,
ধূসৰিত হৈ বাৰে বাৰে আমনি কৰিব অন্তিম পৰত।
নিথৰ কায়া নীৰৱ হৈ পৰি ৰব,
ৰোমন্থন কৰি চঞ্চল স্মৃতিবোৰ প্ৰতিটো অনুপলত।
লাহে লাহে পোহৰ আঁতৰি যাব,
অন্ধকাৰ আহি আগুৰি ধৰিব স্পষ্ট হৈ থকা দাপোণত।
পৰিস্থিতি ইমান ভাল নহয় ও,
মুক্তি পূজাৰ খুটি চাৰিটা হয়তো নাপাবি কপালত।

****

আকৌ তেওঁৰ সৈতে খেলাৰ সময়।
পাপৰিৰ অজুত অভিমানী হাঁহিতে,
পখিলাৰ প্ৰেমিক মন উতনুৱা হোৱাৰ বতৰ।
বতাহৰ প্ৰতিটো টৌৰে দি যাব,
সৰাপাতৰ মৃত বুকুত পৰিভ্ৰমণৰ খবৰ।
বৰষুণৰ কবিতাবোৰে উদাস মনত,
সপোন দেখাই দিব ধুনীয়া সেউজীয়া ছন্দৰ।
জনশূন্য পথটোত ৰৈ থাকিম এনেকৈয়ে,
প্ৰণয়ৰ গানটো শুনিবলৈ ফাগুনৰ।
শিমলুৰ ৰঙাই চিনাকি কৰাই দিব,
যে আৰম্ভণি হ'ল আকৌ এবাৰ ফাগুনৰ।

****

পাইনৰ মাজেৰে বেঁকাকৈ সৰিছে আজি,
ফাগুনীক আদৰি অনা হেঁপাহৰ বৰষা।
খিৰিকিৰ ফাঁকেৰে এটুপি-দুটুপি আহি,
ৰঙাই আছে বুকুত বৃষ্টিৰ ভালপোৱা।
যদিও আপোন ঠিকনাৰ পৰা কিছু আঁতৰত,
আৱেগে অনুভৱ কৰাই ৰঙা শিমলুৰ আশা।
নিজক নতুন ৰূপত সজাই তুলিবলৈ,
প্ৰতিডাল গছে চলাই আছে সুন্দৰ প্ৰচেষ্টা।
মেঘবোৰে মাজে সময়ে অন্ধকাৰ হৈ আহি,

উজ্জ্বল কৰি যায় বহল আকাশৰ নীলা।

****

সকলো ঠিকেই চলি আছে,
কেৱল উৰিব বিচৰা মনটোৰ বাহিৰে।
আকাশখন আজিও নীলা হৈয়ে আছে।
সূৰুযে ৰাতিপুৱাতে আহি জগাই দিছে,
গধূলি আকৌ সিটো পাৰে গৈ বিদায় মাগিছে।
কৃষ্ণচূড়াই এতিয়াও ৰংবোৰ তেনেকৈয়ে সিঁচি আছে।
বৰষাই বাৰে বাৰে প্ৰেমৰ অনুভৱ কৰাই আছে।
মলয়াৰ পৰশে সদায় নীৰৱ কৰি ৰাখিছে।
চঞ্চল ৰঙৰ পখিলাজনীয়ে ধীৰে ধীৰে,
গোলাপৰ পাপৰিৰ ক্ষতি কৰি আছে।
চাল্লা মিছাতে ভোমোৰা বদনামী হৈ আছে।

অপৈণত

সকলো ঠিকেই চলি আছে এনেদৰে,,
কেৱল তেওঁ নামৰ শব্দটোৰ অভাৱ অনুভৱ হৈছে।
উশাহ নিশাহ আজিও সুন্দৰকৈ চলি আছে।
কেৱল সপোনবোৰে নিতৌ বেছি অভিমানী হৈ গৈ
আছে।

****

সময় আছে নেকি ?
আকৌ সুখী হোৱাৰ।
সময় আছে নেকি?
অবুজ হৈ ৰোৱাৰ।
সামান্য ৰসৰ পৰশত,
প্ৰাণ খুলি ইঁহাৰ।
শব্দহীন ৰঙৰ কোলাত,
হেঁপাহ হৈ ৰোৱাৰ।
সময় আছে নেকি?
শৈশৱ উভতি অহাৰ।
বিৰক্ত আজি আবেলি

সূৰ্য লাগে ৰাতিপুৱাৰ।

****

সেই পাহাৰখন মোৰ বৰ আপোন,
বিজুলী চাকিবোৰে যে কিবা জোনাকী কেইজনীৰ ছবি

আঁকে ।
নদীখন সঁচাকৈ বৰ স্পষ্ট দাপোণ,
জোনবাইৰ প্ৰতিটো সপোন বুকুত সাবটি ৰঙীন কৰি
ৰাখে ।

****

সপোনবোৰ শুই আছে দুচকুৰ অন্ধকাৰৰ মাজত
হেঁপাহখিনি উৰিব পৰা নাই চুটি দেউকাৰ বিষত
টিকা ফটা ৰ'দেও হাৰি যায় ফটা কামিজৰ ফাকত
দিনটো পাৰ হৈ যায় এসাজ ভাতৰ বিৰক্ত সংগ্ৰামত
প্ৰতিটো অন্ধকাৰ ৰাতি পাৰ হৈ যায় ৰাজপথৰ কাষত
ডাঙৰ জেপৰ মালিক কেইজন এতিয়াও নতুন বেংকৰ
সন্ধানত
ধনে কিমান দিন সুখ দি থাকিব মনত,
সন্মানৰ সমান দামী বস্তু নাপাবা আৰু এই জনমত

****

ঘৰৰ পৰা আঁতৰত থকা,
আৰু এখন নতুন ঘৰত
নতুনকৈ সপোন দেখা ঠাইত,
আত্মীয়ৰ পৰা কিছু আঁতৰত
এখোপা ৰং পৰি আছে,
বন্ধুত্বৰ এনাজৰীৰে সেই ঠাইডোখৰত

বিষাদবোৰ অলপ দূৰত থাকে,
হোষ্টেল নামৰ শব্দটোৰ উৎপাতত
কিছুমান কথা বৰ ভাল লাগে,
ধেমেলীয়া পৰ্ববোৰ প্ৰতিটো জন্মদিনত
যদি এজন অসুখী হৈ থাকে,
নীৰৱতা বাস কৰে বন্ধুবৰ্গৰ মন গহ্বৰত
বিষাদ পাহৰি যোৱা আমেজ থাকে,
উন্মাদনাৰ গোন্ধ পোৱা মিঠা সন্ধিয়াবোৰত
হোষ্টেলৰ দিনবোৰৰ অনুভৱবোৰে,
হাঁহি তুলে কেতিয়াবা বেৰসিক উশাহবোৰত...

****

স্বাধীন দেশত আমাৰ স্বাধীনতা,
য'ত সংবিধানে দিছে নিৰপেক্ষতা,
কেতিয়াবা সমাজনীতিৰ বক্ৰতা,
লোভৰ হেঁচাত বাগৰি থাকে দক্ষতা,
কোনোবাখিনিত অনুভৱতো বাধা,
দেখিছোঁ বহুতো অশিক্ষিতৰ উচ্চশিক্ষা,
বহু শিক্ষিত আছে মানৱতাৰ আখৰ নেদেখা,
বহুখিনিলৈ হ্ৰাস হৈছে জীৱ প্ৰেমৰ মাদকতা,
জেপত লৈ ঘুৰি ফুৰে বহুতে সস্তীয়া শালীনতা,

আবেগৰ কোলাত জিৰণি লয় এতিয়া স্বাধীনতা।

****

এফালে,
আধা লিটাৰ তেজ শুহি
তিনি টোপালৰ দাম দিব
অব্যস্ত পৰতো ব্যস্ত কৰি
সুখাভিলাষী মনক মাৰিব
আনফালে,
চৰকাৰী বুলি পৰিচয় দি
সাধাৰণ জনতাৰ মূৰত উঠিব
এলাহক বুকুত সাবটি
টেবুলৰ তললৈ বুলি ইংগিত দিব

কোনোবাখিনিত,
কিবা এটা বেমেজালি আছে
যাৰবাবে চৰকাৰী হ'বলৈ ভাগ্য লাগে
শিক্ষিতৰ হাৰ অগণন হৈছে
যাৰবাবে কিছু বস্তাত ভৰাই পেলাব লগা হৈছে
অশিক্ষিত হ'লেও কেপ্টেইনবোৰ দূৰদৰ্শী হ'ব লাগে
যাতে এজনো মানৰ সম্পদ নোহোৱাকৈ নাথাকে..

****

তৰা হোৱাৰ স্বপ্ন মোৰ নাই,
অগণনৰ মাজত মোক কোনে চিনি পাব।
জোন হব মন যায়,
চাব ইচ্ছা নকৰিলেও মনত ছবি ৰৈ যাব।

****

ডাৰৰ ভালপাব শিকা,
বৰষুণ এনেই প্ৰিয় হৈ যাব ।
অন্ধকাৰক প্ৰেমৰ প্ৰস্তাৱ দিয়া,
জোনাকে তোমাৰ চোতালত নাচিব।

****

হাঁহিৰ অভাৱে ৰং সলাই দিয়া মুখ কেইখন দেখিলে
কেতিয়াবা বৰ বেয়া লাগে ।
নামঘৰৰ দুৱাৰডলিত বহি লাজ সন্মান জেপত থৈ খুচুৰা
পইচা মগা দেখিলে
 কেতিয়াবা মনত বিষাদ জাগে ।
তেওঁলোকক লৈ আলোচনাৰ সৃষ্টি কৰিব খুজিলে ভাল
নালাগে ।
য'ত আপুনি বা আপোনাৰ ল'ৰা ছোৱালীয়ে নতুন
কাপোৰযোৰ নহলে সভালৈ নাযাওঁ বুলি কয়,
তেওঁলোকে কিন্তু ফটা কাপোৰযোৰ পিন্ধি বাটতে পৰি
ৰয় ।
তেওঁলোকৰ মনে জানোঁ ধনী হোৱাৰ সপোনটোৰ কথা
নকয় ।
কোনো কাৰন নোহোৱাকৈয়ে জানোঁ তেনেকৈ মাটিতে
বহি ৰয় ।

****

লাজ লাজকৈ দেখা দিয়া ৰ'দে
এগালমান অনুৰাগ আনে..
সাজি-কাচি ব'হাগ হৈ আহিবা,
দৌৰা-দৌৰি কৰিব নালাগে

লঠঙা ফাগুনৰ দৰে.

****

নাঙঠ কৰি চুমা আঁকিছে
কোনোবা অসভ্যৰ কাম হ'ব
ধেৎ নহয় অ'
প্ৰতিখন হৃদয়ৰ অনুৰাগ ফাগুন আহিছে

****

স্বপ্নৰ প্ৰত্যাশাত
এপল দুপল
আৰু কিমান পৰ
কামিজ ফালি
বুকু ডাঠি
কব নোৱাৰিম
মোৰ বুলি প্ৰতিটো দিন-ৰাতি

পলাশ হোৱাৰ আশা বহুতৰ

নাই নেকি কোনো ধোৱা বৰণৰ

সপোন তোমাৰ হেঁপাহৰ

সপোন মোৰো হেঁপাহৰ

ঘড়ীটোয়ে জনাব কাৰ এই প্ৰহৰ

ভাল চিন্তি দিছোঁ খোজ

মোৰ লগতে ভাল হওক তেওঁৰ

তেওঁ বেয়া পালে কি হ'ল

ভালখিনি থাকিবই চোন তোমাৰ মনত

ক'লা বগা দুয়োটাই থাকে প্ৰতিটো জীৱনত

****

এয়া যেন ফাগুনৰ সময়

কলিজাত গজালেৰে লিখে প্ৰেমৰ গান,

নতুনৰ পিয়াহৰ বাবে সৰি পৰাৰ পিছতো,

বিষত উচুপি নুঠে সৰাপাতৰ প্ৰাণ।

এয়া যেন পলাশৰ সময়

ধোৱা বৰণ হ'ব প্ৰতিটো হাঁহিৰ ৰাগ,

ৰঙৰ পৰশত প্ৰাণ পাই উঠিব অনুৰাগ।

এয়া যেন প্ৰণয়ৰ সময়

প্ৰীতিৰ পখিলাবোৰে চুমিব ৰজনীগন্ধাৰ দুগাল,

বিধবা বুকুতো পৰিব প্ৰকৃতিৰ মিঠা দাগ।

****

ব্যর্থ আবেগ জেপত গুঁজি
পাৰ কৰিছোঁ এনেকুৱা বহু ৰাতি
কোলাহলত নিজক বিচাৰি নোপোৱা মানুহজনে
সপোন দেখিছে নীৰৱতাক সাৰটি
যদি নোপোৱা খিনিতেই জীৱন আছে
পোৱাখিনিৰ আমেজ কেতিয়া বিচাৰিবি
এদিন এনেকৈয়ে বুঢ়া হৈ যাবি
তেতিয়া আকৌ নাহাঁহি নাথাকিবি আজিৰ কথা ভাবি....

এয়া যেন ফাগুনৰ সময়
পুৰণিক নাঙঠ কৰি আঁজুৰি আনিব ব'হাগ,
ধূলিময় চহৰক নতুনকৈ সজাবলৈ,
হাত বাউলি মাতিব বৰষাক।

****

আকৌ এটা তেনে ৰাতিপুৱা লাগে
পিঠিত কিতাপৰ বোজা লৈ দিনটোৰ উৎপাতৰ অংক
কৰিব মন
আচার্য ক্লাছৰ বাহিৰত খোজ দিয়াৰ লগে লগে,
কাগজ ৰবৰত মেৰিয়াই কোনোবাৰ গাত ৰঙা পৰাকৈ
আঘাত কৰিব মন
কেতিয়াবা গৃহকার্য নকৰি ভয়ে ভয়ে বেতৰ কোবত হাত
দুখন পিহি পিহি বেঞ্চত হেঁচি ধৰাৰ মন
আকৌ এবাৰ সেই দুপৰীয়া এটা লাগে
য'ত ছাঁৰ নীৰৱতা বিচাৰি নহয়,
ৰ'দৰ কোলাহল বিচাৰি আপোনি পাহৰা হৈ যোৱাৰ মন
স্কুলৰ পৰা আহি ভাত দুটামান পেটত পৰাৰ লগে লগে

ক্রিকেট বেতখন লৈ পথাৰলৈ দৌৰাৰ মন
লগৰীয়াৰ সতে হকে-বিহকে তৰ্ক-বিতৰ্ক কৰি হ'লেও,
আউট নোহোৱাকৈ খেলি থকাৰ মন
আকৌ তেনে এটা সন্ধিয়া লাগে
য'ত ভবিষ্যতৰ চিন্তা নহয়,
বৰ্তমানক আপোন কৰি জী উঠাৰ মন
মাৰ আঙুলিৰ আগে আগে চকু ফুৰাই চিঞৰি চিঞৰি
কুঁহিপাত পঢ়াৰ মন
তেনে এটা ৰজনী লাগে
য'ত টোপনিৰ বাবে যুদ্ধ নহয়
সৰু সৰু হাজাৰ স্বপ্নৰ উমাল পৰশত বিছনাত পৰাৰ
লগে লগেই টোপনিত যাবৰ মন...

****

সময় বাগৰি ৰং সলাব
মন এদিন উকা হ'ব
এদিন উকা মন আকৌ ৰঙীন হ'ব লাগিব
জীৱনৰ ৰং ক'লা/বগা দুয়োটা
আৰু দুইটাই অহা যোৰা কৰি থাকিব..
কেতিয়াবা এহাল চকুৰ চাৰনিত
বুকুৰ চুক্তি কৰি দিব
কেতিয়াবা কলিজা হাতত তুলি দিয়াৰ পিছতো
নিৰস হৈ দেখাব..
কেতিয়াবা এচিকুট প্ৰণয়ে
আনন্দৰ বাৰিষা নমাই আনিব
আৰু কেতিয়াবা এসোপামান পালেও

অৈপণত

খৰাঙৰ দৰে ফাট মেলিব
কোনে জানে কিমানখিনি পোৰাৰ পিছত
জীৱনে আৰু নালাগে বুলি কব!!

****

নিৰাশ স্বপ্নৰ কোলাহলত
অগণন বিনিদ্ৰ ৰজনী
তমসাময় হেপাঁহৰ জোনাকত
নীৰৱ ভাবনাৰ উচুপনি
অৈপণত জীৱনৰ সুৰত
মাত্ৰ এপল দুপল ধেমালি
ব্যস্ত চিন্তাৰ জংঘলত
কোনেও নলয় জিৰণি
সপোন দেখি ভালপোৱা বোৰস
পোনৰ দেশতেই থাকে চিঞৰি
পোহৰে হাতখন এৰিলে
ছাঁটোৰে দিয়ে এৰি
মন কিনাৰ অংকত
বহু হাবাথুৰি
নিজক লৈ পৃথিৱী গঢ়িব পাৰিলে
নিশ্চয় হ'ব বাহাদুৰি

****

ৰঙীন হোৱাৰ আশাত
যদি ফাগুন খহি পৰে

বিলাস প্রিয় সপোনত
যদি বাৰিষাৰ বতৰা আহে
প্রেয়সীলৈ বুলি সাঁচি ৰখা
গোলাপটো যদি আবেগৰ
ধুমুহাজাকত উদং হৈ পৰে
হয় বহু চঞ্চলা যৌৱনা দেখিছোঁ
বগা চাদৰ পিন্ধা
বহু সন্তানহীন দেখিছোঁ
অপেক্ষাৰ মৰীচিকাৰ পিছত দৌৰা
আৰু বহু অভিভাৱক দেখিছোঁ
বাটৰ কুকুৰটোৰ লগত
ডাষ্টবিন খুচৰি থকা

****

বিহু

যোৱাকালিৰ ব্যস্ততাৰ বাবে
সাৰ পাওঁতে পলম হ'ল,
আচলতে আজি অফিচ বন্ধ হোৱাৰ বাবে
যোৱা নিশা অলপ বেছিকৈ ফোনটো চোৱা গ'ল।

আজি গৰু বিহুহে
আমাৰ চোন গৰুৱে নাই,
কাষৰ ঘৰৰ ককায়ে
লগ নোহোৱা বাবে গৰু হাল নদীলৈ নিয়া নাই,
আজিকালি হেনো দমকলৰ পানী এবাল্টি চটিয়াই দিলেও

চলি যায়!

গাভৰু প্ৰকৃতিক কিনো উপভোগ কৰিম
আইঁতৰ তলত আড্ডা দিবলৈ সমনীয়া এটাও মহানগৰীৰ
পৰা অহা নাই,
মায়ে কিন্তু বিহুৰ দিনা ৰাতিপুৱা বিছনাতে তিতা খুৱাব
এতিয়াও পাহৰা নাই,
এতিয়ানো কি কৰিম!!
বিহুৱানখন লৈ বিছনাখনতে বাগৰি বাগৰি দিনটো যায়।

দুপৰীয়া কি খোৱা হ'ব পাত্তা নাই!
এওঁ ব্যস্ত কেঁচুৱাটিক নাচনী সজোৱাত,
মোৰ বাৰু একো আপত্তি নাই
কিন্তু ভিতৰি ভিতৰি হাঁহি উঠিছে,
ছমহীয়া ল'ৰাটোক নাচনী বনাই দিলে
ফেচবুকৰ প্ৰতিযোগিতাই,
ৰাতিপুৱা মেগীকে খাব লগা হ'ল
বিহু হ'লেও ছোৱালীজনীয়ে জলপান বেয়া পায়।

গাওঁত এটা ঢোলৰ মাত শুনা নাই
চৰকাৰে হেনো কিবা ৰেকৰ্ড বনাব,
যি দুই-এটা আছিল তালৈকে যায়।
নাচনী বুলিলে মুনিন দাৰ ছোৱালীজনীৰ কথা মনত
আহিছিল,
তাইও যোৰাবাৰ কিবা নিউজ চেনেলৰ বিহুত গৈ
সাংবাদিক এটালৈ পলাই যায়,
পলাশে হেনো এতিয়াও তাইৰ কথা ভাবিয়েই কাকো পাত্তা

দিয়া নাই।
এহঃ বাদ দেমোৰনো কি লাভ হ'ব তাক বুজাই!!

গাঁওৰ বিহুখনৰো এইবাৰ খবৰ নাই,
যোৰাবাৰৰ সভাপতি/সম্পাদক দুইটাই ঠিকাদাৰ
এইবাৰ ৰাইজে নিদিয়ে হেনো সিহঁতক বিহুৰ দায়িত্ব,
যোৰাবাৰৰ দুই লাখ মান টকাৰ হিচাপেই নাই।
সিদিনালৈ নেতাবোৰৰ বজাৰ কৰি থকা বাপুকণৰো
বিহুলৈ সময় নাই,
পঞ্চায়তৰ সদস্য হোৱাৰ পিছত মুখ্যমন্ত্রীৰ দৰে লেবেল
তাৰ।

সৰু কালৰ সেই বিহু বৰ ভাললগা আছিল!
প্লাষ্টিকৰ টেমাটোত গামোচা মেৰিয়াই,
নাচি বাগি দিনটো পাৰ হৈ যায়।
তামোল গছৰ বুকুত কপৌ ফুলিছিল,
আমাৰ বুকুত বসন্তৰ সুবাস
দেউতাই আনি দিয়া নতুন চোনী গেঞ্জিটোৰ মাদকতা,
এতিয়াৰ দামী ব্রেণ্ডেদ চার্ট বিলাকে সপোনতো বিচাৰি
নাপায়
মুঠতে বিহু বুলি ক'লে,
আগৰ দৰে ভাললগা একোৱেই নাই...

****

মানুহ কিনাৰ সপোন দেখা,
মানুহবোৱো ভাগৰুৱা হয় কেতিয়াবা।

অপেণত

ৰং বিলাম বুলি পাখি মেলা
পখিলাটোৰ অসুখ আজি,
লালসাৰ আঁচোৰত দুয়োখন পাখি ভঙা!
উশাহৰ গান গোৱা বাঁহীটো ঘুণে ধৰিছে,
প্ৰতিযোগিতাৰ ব্যস্ত দৌৰত
কাৰো বজোৱাৰ সময় নাইকিয়া!

ৰঘুমলাৰ স্বপ্ন জনপ্ৰিয় এতিয়া,
এজনৰো নাই কিন্তু
বৰগছ হোৱাৰ ক্ষমতা।
পৰজীৱী চিন্তাৰ ৰোগ লাগিছে,
কাৰো নাই নিজশ্চতাত ভৰসা।
বুকুৰ কোনোবাখিনিত খুন্দা মাৰে,
যেতিয়া মুখত আপোন বুলি পৰিচয় দি
পিছফালৰ পৰা গোৰ মাৰে।
তৎক্ষণাৎ মনটোৰে আকৌ জী উঠে,
মোৰ বাবে উশাহ লোৱা জনৰ হাঁহি দেখিলে...

****

অপ্ৰকাশিত অনুভৱত থাকে
অলৌকিক শক্তি হৃদয় ভঙাৰ
জীৱননো কি?
এটি কাহিনী পোৱা-নোপোৱাৰ !!

নোপোৱা খিনিৰ ড্ৰয়াৰত থাকে
এডাল বিষাক্ত সাপ

খুচৰি দিয়াৰ লগে লগেই খুঁতি দিব তোমাক
কিছুপৰ ভ্ৰমিত হৈ
এটি পল হ'ব হতাশ !!

পোৱাৰ মাদকতা সুকীয়া
ওঁঠত জিলিকি নুঠা হাঁহি এটা
বুকুত ওলোমি থাকিব বাৰম্বাৰ !

এটা সময়ত হেতা-ওপৰা লাগে প্ৰণয়ৰ...
স্বপ্নৰ প্ৰতিখন দলিচা জীপাল,
লাহে-লাহে খৰাং আহে...
হেপাঁহৰ নৈখন হৈ পৰে শুকান !!

একালৰ সাগৰৰ প্ৰেমিকজনে
পুখুৰী পাৰতেই বিচাৰিছে সকাহ
কোলাহল তাৰ অতীত আছিল
নীৰৱতাত বিচাৰি পাইছে উশাহ !!

মুঠতে যিখিনি পাইছে
মানি-নামানি হলেও গৈ আছে সদায়
এসোপামান বিচাৰি এচিকুট পালেও
সান্ত্বনা লভিছে জীয়াই থকাৰ

সেই যে কৈ আছিলো !!
জীৱননো কি?
এয়াই,
হিচাপ-নিকাচ পোৱা-নোপোৱাৰ !!

অপৈণত

****

প্ৰত্যেকটো ৰাতিপুৱা জন্মিছোঁ
প্ৰতিটো ৰাতি মৰিছোঁ
ৰ'দে ঠেলি দিয়া উদ্যমেৰে,
বিছনাখনতেই জী উঠা অনুভৱ কৰিছোঁ
পৃথিৱীৰ সেমেকা বতাহত,
সেমেকি উঠিছোঁ
এপলৰ বাবে প্ৰণয়ৰ সমীৰত,
উন্মাদ সুৰত নাচিছোঁ
দিনটোৰ ভাল-বেয়া সকলো ভাগৰ সাবটি,
আকৌ নীৰৱতাৰ কোলাহলত মগ্ন হৈ শুই পৰিছোঁ

ৰূপালী জয়ন্তী বৰ্ষ গৰকা অনুভৱ,
বিচাৰি নাই পোৱা সময়ৰ পৰিভাষা
জীৱনৰ সূত্ৰমতে চলা-ফুৰা কৰি,
সকলোকে আপোন কৰা মানসিকতা
স্মৃতিৰ সৰাপাতবোৰ জেপত গুঁজি,
আৰু বহু হাজাৰ খোজ দিয়াৰ ইচ্ছা

খোজত মৰহা দূবৰিক বাৰু,
কেনেকৈনো খুজিম ক্ষমা
সময়ৰ গাড়ীখনৰ যিটোহে গতি,
ছেকেণ্ডতে উৰুৱাই নিব পৰা
সমাজৰ কুঁহিপাত নিগনিৰ গাতত,
শিকিছিলো মাত্ৰ অ,আ

বহু কামিজ বাকী আছে
স্বপ্নৰ ঘামত দাগী কৰিব
বহু ৰাতি বাকী আছে
নিদ্ৰাহীনতাৰ কোলাত তুলি দিব
ভাগৰক আওকাণ কৰা উপায় লাগে
বহু কেইখন উকা মুখৰ কেনভাছ আছে
হাঁহি এটা আঁকি দিব...

****

Pizza burger বেয়া পাওঁ!
ৰাস্তালৈ আমোল-মোলাই থকা,
ৰুটি-মাংসৰ হোটেল খনলৈ ওলাবা
মুখখন গোন্ধালে গোন্ধাব!
Extra পিঁয়াজ এটুকুৰা খুজি খালে
তুমি কিন্তু বেয়া পাব নোৱাৰিবা!

Coffee সিমান এটা ভাল নাপাওঁ,
উপায় নহ'লে Lemon tea ৰ সতে Banana Cake এটা
হলেও চলে।
সেইবুলি চিংৰা বা পকোৰাৰ লগত আদা দিয়া লাল চাহ
কাপক নোৱাৰে
তুমি মোক গাঁৱলীয়া বুলিলেও
মোৰ কোনো আপত্তি নাই!
সেইবুলি বিবাহ ভৰনৰ ৰাজহুৱা চামুচ কেইখনেৰে,
আঞ্জাখিনি ভাতত ভালকৈ মিহলি নোহোৱাকৈ মই
খোৱাত নাই

মাংসৰ জোল আৰু আলু হাতেৰে পিটিকি খোৱা মজা,
তোমাৰ সেই চহৰীয়া চামুচখনত নাই

এসপ্তাহ আগৰ Chicken গৰম কৰি Fried rich বনাই দিলে,
তোমাৰ Instagram ত 50 খন মান ফটো যায়
কৰবাত যদি মোক গৈৰ মাছ পোৰা আৰু কচুথুৰি পাতত দিয়া দিয়ে,
Per plate এশ টকা Extra খুজিলেও আপত্তি নাই

তুমি ৰজনীগন্ধাৰ পেকেটটো জোকাৰি-জোকাৰি খোজ দিবা
মোৰ কোনো কথা নাই।
মই যদি তিয়াই থোৱা বুঢ়া তামোল খন পাওঁ
কিবা এটা ভাল লাগি যায়.....

****

বাৰে বাৰে দুৰ্বল কৰিব খোজা বাটটোৰ কাষেৰেই,
মোৰ নতুন বাট..
যাযাবৰী মনৰ সকাহ বিচাৰি পাওঁ তাত!
কোনোৱে ভুল বুজিলেও নিদিওঁ মাত!
জীৱনত ভাল বেয়া যিয়েই নকৰক কিয়,
শেষত গোটেইখিনি নিজৰ গাত,
তেনেহ'লে নিজৰ মাজতেই চলা ভাল.....

****

জীৱনে কিমান জ্বলাইছে আপোনাক?
বৰ কষ্ট পাইছে নেকি!
এবাৰ শ্মশানৰ জুইকুৰা দৰ্শন কৰি আহক,
বহু ৰজা-মহাৰজা জ্বলি শেষ হৈছে তাত..

প্ৰশ্ন এটা আছিল
সেইযে আশাবোৰ/স্বপ্নবোৰ
ক'ত কেনেকৈ ৰৈ থাকিল???

বেয়াপোৱা বোৰক কৈছোঁ
আপোনালোকৰ বৰ ভাল হওক
মোৰ সপোনবোৰ শূন্য হওক
আপোনালোকৰ পূৰ্ণ হওক

ভগৱান যদি আছে
এটা মাত্ৰ আশীষ লাগে
মোৰ আপোন মানুহখিনি থাকোঁতেই
মই চকু দুটা মুদিব লাগে !!

****

দিঠক ৰঙে ঢুকি নোপোৱা হেপাঁহ
নিৰ্জন চোতালৰ ঘাঁহনিডৰা
আৰু ৰং বিলোৱা মদাৰ জোপা
প্ৰায় একেই অৰ্থহীন যেন লগা

তুমি সুবাসৰ গান গোৱা

মানুহৰ বাবে উশাহ লোৱা
চকুপানী দেখি কান্দি দিয়া
কিন্তু,
নিজস্বতাক জেপত সাঁচি থোৱা
কাৰণ,
তোমাৰ বাবে কাৰো সময় নাইকিয়া

কেতিয়াবা কান্ধত থকা হাতখন খামুচি ধৰি
মুখখনত লাহে-লাহে টুকৰিয়াই চাবা
জোৰত টুকৰিয়ালে কংক্রিটৰ মুখাখনত লাগি
আঙুলি মূৰত দুখ পাব পৰা !!

****

~ মনটো বৰ বেয়া,
পাৰ হৈ গ'ল এজাক ধুমুহা,
এইবাৰ আকৌ আহিব যেন লাগিছে
বুকু ফালি নিয়া ঘূৰ্ণী বতাহ...

~ হে:হে:
জীৱন এনেকুৱাই!
আজি যদি সেউজীয়া,
কাইলৈ আকৌ হালধীয়া...

~ফাগুনে নাঙঠ নকৰিলে,
নতুন বসন্তৰ সোৱাদ ক'ত পাবা..

****

কচুপাতৰ পানীত জীৱন বিচাৰি
যৌৱন পাহৰা এখন বুকুত খেলি মেলি

কোনোবাই প্রকাশ কৰিব পাৰিব নেকি
পেটৰ পৰা ওলাই আহি
অচিনাকি ভাষাত কান্দি থকা
সেই অভিজ্ঞতাৰ বিবৰণী

আঁঠু এৰি ভৰিত জোৰ দি
প্রথম খোজতেই থোকা থুকি কৰি
মাৰ মেখেলাখনত খামুচি ধৰিব চেষ্টা কৰিও
মাটিত বাগৰি পৰি বিকট চিঞৰ লগাই কান্দি উঠা
কোনোবাৰ মনত পৰে নেকি

যদিও মনত নপৰে
সপোন দেখিব নজনা
আশাৰ পোহৰ নপৰা
সেই সময়খিনি বেষ্ট আছিল

জীৱন উৎযাপন কৰাৰ বাট দেখুওৱা বহুজনে
কাহানিবা যন্ত্রণাৰ নৈপাৰত নীৰৱ পল গণি থাকে
প্রেক্টিকেল দুনিয়াৰ বিজ্ঞাপণৰ অভিনেতাবোৰে
কেতিয়াবা আবেগৰ খুন্দাত উজাগৰে ৰজনী পাৰ কৰে

জীৱনৰ দুখন মুখা থাকে
এখন আইনাত নিজক চাবলে
আনখন আনৰ আগত দেখুৱাবলে

নিঃস্বাৰ্থ শব্দটোৰ পিঠিতেই স্বাৰ্থ জড়িত হৈ থাকে
কেৱল জীৱন বিষয়ক অভিজ্ঞ জনে
সেইটো লুকাই লৈ চলিব জানে

কিছুমানে কব খোজে
জীৱন বৰ সহজ
ঠিক ফট্‌ফটীয়া পানী গিলাচৰ দৰে
একে ঢোকে গিলি দিব পাৰে
মোৰ বোধে তেনে নহয়
জীৱন ইলিচ মাছ এটুকুৰাৰ দৰে
সাৱধানে নচলিলে
ডিঙিত কাঁইট লাগি ধৰিব পাৰে
কাঁইট বাচি খাব জানিলে
জীৱনে অমৃতৰ সমানেই সোৱাদ দিয়ে...

****

অনুভৱৰ সংগ্ৰহ -২

প্ৰেম হোৱাৰ পৰা তুমি সমীৰ হৈ গ'লা,
ভাললগা সময়খিনিত বুকুত আহি চুমি যোৱা।
দোক-মোকালিৰ নীৰৱতা খিনিৰ পৰা,
অভিমানী মৰমবোৰে মনটোক কৰে উতনুৱা।
আজি কাঁচিয়লি ৰ'দৰ কোমল পৰশত,
বিচাৰি পাওঁ মই মোৰ প্ৰিয় সলাজ হাঁহিটিৰ ঠিকনা।
অনুভৱী শব্দৰ চৌখিন মোৰ মনটোৰে,
বিচাৰি নেপায় তোমাক জুখিব পৰা কোনো উপমা।
ভালপোৱাৰ স্পৃহাযুক্ত মোৰ হৃদয়খনত,
অনৰ্গল চলিয়েই থাকে আলফুল প্ৰণয়ৰ ভাবনা।
নিদ্ৰাতুৰ ৰাতি অনিদ্ৰাৰ ছটফটনিয়ে কয়,

সংগোপনে আহি মূৰত হাতখন বুলাই দিয়া না।

****

মোৰ বাবে শুকান ফাগুনৰ,
প্ৰথম জাক বৰষুণ সৰি ভিজা বাটৰ গোন্ধ খিনি তুমি
প্ৰত্যেকটো লুইতৰ চঞ্চল বানৰ,

বিদায় লোৱাৰ পিছৰ আশাৰ পলসুৱা ৰংখিনি তুমি
নিয়ৰৰ সতে খেলা কৰা শেৱালিৰ,
ৰাতিপুৱা হোৱাৰ লগে লগেই উপচাই দিয়া সুৱাস খিনি
তুমি
আজি কব নোৱাৰাকৈ বিষযুক্ত আবেগৰ,
খুন্দাত ভাঙি যাব খোজা বুকুখনৰ একমাত্ৰ জিৰণি চৰা
তুমি
মই বুজাব নোৱাৰা প্ৰতিটো অনুৰাগৰ,
মোৰ ভাষাৰে লিখিব চেষ্টা কৰি ভাগৰি নপৰা শব্দটোৰে
তুমি

****

অকল স্বপ্নপৰৰ সখী জনী বিচৰা নাই

য'ত কেৱল ভাবনাৰ যান্ত্ৰিক অভিনয় থাকে
মই জোন বেলি বা তৰালি বিচৰা নাই
য'ত হেঁপাহৰ খোজবোৰ অহা যোৱা কৰি থাকে
যদি সচাঁকৈ কপালত নিসংগতা নাই
তুমি আকাশ হবা যিয়ে দিনে নিশাই স্থিৰ হৈ থাকে
মোক নিৰস যেন লাগিলেও উপায় নাই
মনে নগ্নতাৰ অনুৰাগ নহয় প্ৰণয়ৰ অনুভৱ বিচাৰি থাকে

****

কিয় নাজানো তেওঁৰ নিমাত অভিমানে
এজাক নীৰৰ বতাহ লৈ বুকুখনত আঁচোৰ মাৰে

অৰ্পণত

অপেক্ষাৰত হৃদয়খনে হাঁহিৰ আলিঙ্গনত
পলমকৈ অহাৰ ৰঙা অংকবোৰ কৰিব নোৱাৰিলে
ডাৱৰীয়া আকাশখনেও নিৰ্জন অন্ধকাৰত
তেওঁৰ আগমনত বৰষুণজাকৰ গান গাব ধৰিছে
ৰাস্তাটোৰ কাষৰ বিজুলী চাকিৰ পোহৰত
তেওঁৰ সলাজ চাৰনিত নিৰ্ভেজাল প্ৰণয়ে খেলিছে
জাৰৰ পৰশত চেঁচা হোৱা কোমল হাতখনত
মোৰ হাতখনে খেয়াল ৰাখিব বৰকৈ চেষ্টা কৰি আছে
সন্মুখৰ ফালে দিয়া প্ৰতিটো লাস্যময়ী খোজত
অনুসৰণ কৰি বহু যুগৰ আপোন যেন অনুভৱ হৈছে
লাহে লাহে অভ্যাস হৈ পৰা চিনাকি সেই পথত
হৃদয়ৰ এটি চুকত ৰাখিব মন গৈছে তোমাক সংগোপনে

****

তেওঁ মোৰ কি বুলি সুধিলে,
কিছু কষ্ট হব পাৰে হয়তো কোৱাত
উদং সময়খিনি মন কৰিলে,
তেওঁৰেই আছে কেৱল মাত লগোৱাত
আপোনালোকে বিৰক্ত হ'লে,
তেওঁ লাগি থাকে অভিমান সাবটি ধৰাত
অনুভৱৰ ভাষাৰে উত্তৰ দিলে,
সচাঁকৈ তেওঁ মোৰ এটি মৰমলগা মিঠা অভ্যাস

****

এই যে শূন্য আকাশখন ৰঙা হৈ আছে

তাৰ কাৰণটো তুমিয়েই হয়নে!
গোটেই দিনটোৰ অৱসাদ খিনি কাটিলেও,
আবেলিৰ ৰং খন্তেকীয়া নহয়নে!
হাঁহি কান্দোনৰ বাটত স্থিৰতা নাথাকিলেও,
তুমি এদিন উশাহ হৈ চাবা নহলে!

****

সেই গোলাপ ফুল পাহ মোৰ বাগিচাৰ নহয়
কিন্তু দেখিলেই মোৰ সময়খিনি থমকি ৰয়
প্ৰিয় হলেও মোৰ ভবিষ্যত বেৰসিক মদাৰ হয়
তেনেহ'লে মিছাতে বৰ্তমানত কিয় আপোন হয়

****

সেইযে আশাৰ ৰং সনা মধুময় কথাবোৰ,
সেইখিনিতে লাগি আছিল অজ্ঞান মনত জগৰ।
এতিয়া চিন্তাৰ কাৰণ নাই আৰু আপোনাৰ,
হতাশাৰ অভ্যাসে আঁজুৰি নিলে নিৰাশাৰ ভাগৰ।
এই অশ্ৰুৰ নৈখনত বিলাসী মাছৰ উজান,
বাৰিষা ভয়ানক নহয় যদি সময়ে সলাই অৱতাৰ।

****

আবেগত ভিজা সেমেকা সময়খিনিতে
ডোৰবোৰৰ ফাকে ফাকে নীলাখিনিয়ে চুমি আছে
ধূসৰ বাটৰ শেঁতা পৰা অব্যক্ত হেঁপাহে

সোণাৰুৰ হালধীয়াখিনি লৈ এখোজ দুখোজকৈ
আগবাড়িছে
জনশূন্য পথবোৰ সুযোগ বুজি লৈছে
বুকু জীপাল কৰা সলাজ হাঁহিটিয়ে সৰগৰ অনুভৱ
কৰাইছে
সেউজীয়াৰ সান্নিধ্যত ভাবনাৰ নৈ বৈছে
হাতে হাত ধৰি দুটি মনে মৰমসনা কথোপকথনৰ ৰাগীত
ডুবিছে
এজাক ভালপোৱাৰ বৰষুণ নামি আহিছে
এটা ছাতিৰ তলতে দুটি শৰীৰে এখন হৃদয় কৰাৰ সপোন
দেখিছে

****

প্ৰেমখিনি হেৰাল,
বিলাসী মনৰ উচ্চাকাংক্ষাৰ নঙলামুখত।
হেঁপাহখিনি পলাল,
অস্পষ্ট মুখাৰ অন্ধকাৰৰ হেঁচাৰ প্ৰহাৰত।
ভাললগা লুকাল,
অসুখী হৃদয়খন এৰাই চলাৰ অজুহাতত।

****

জোনাক গলা জাৰৰ নিশাৰ কাহিনী
ভাললগা অনুভৱখিনিৰ ওচৰত ঋণী
সেউজীয়াৰ ওপৰত কুৰুঁলীৰ কিৰিলি
বাহ্যিক দৃষ্টিত পৰিবেশটো বৰ শুৱনি

কেৱল এই বেৰসিক মনটোৰে দোষী
অসম্পূর্ণ যৌৱনে থাকে চিন্তা বিচাৰি

****

সপোনৰ পৰা তোমাৰ ঠিকনা সলনি কৰি,
উমাল বুকুত সাঁচি থ'ম কেতিয়াবা ।
ৰসালাপৰ চলেৰে আহি মন পৰিতৃপ্ত কৰি,
মিঠা হাঁহিটো দিওঁতে ৰাখি দিম কেতিয়াবা।
অন্ধকাৰ ৰাতিৰ নীৰৱতাৰ সুযোগ বুজি,
মৰমলগা অনুভৱ খিনিতেই সদায় আহিবা।
সেমেকা দুপৰীয়াবোৰৰ ব্যস্ততাক এৰি,
এবাৰ হলেও অক্লান্ত প্রেমিকক সহায় কৰিবা।
ৰৈ নাথাকিবা আনৰ উপহাসক ভয় কৰি,
ৰঙা আঁচল উৰুৱাই হৃদয়বোৰ ৰঙীন কৰি আহিবা।

****

নিমজ্জিত হব মন প্রণয়ৰ অনুভৱত,
বিচাৰিব নাজানো অনুৰাগৰ ঠিকনা।
পোৰা নোপোৰাৰ পৰা কিছু আঁতৰত,
কেৱল হাঁহিটো লৈ অস্বাভাৱিক ভাবনা।

****

জানো সৰলতাক ভালপোৱা বুলি
ভাললগা বোৰৰ আশ্রয়ত হৃদয় খুলি
যিবোৰ ৰঙাৰ সপোন দেখিছা তুমি

সেইবোৰ হব পাৰে মৰীচিকাৰ ধুলি
মদাৰ চপাই ল'লে বৰ ধুনীয়া বুলি
সুৰাস বিচাৰিলে জানো পাবা ঘুৰি ঘুৰি
সঁচাকৈ ৰঙা খিনি কথাত লৈ মৰমলগা তুমি

****

যেতিয়া বহুদিন অপেক্ষাৰত দুখন হিয়াৰ মিলন হব।
অচিনাকি চাৰি চকুৰ চাৰনিত,
আপোন আপোন কিবা ভাললগা নতুন অনুভৱ হব।
ডাৰেৰে ধাকি ৰখা আকাশখনে,
নীলা সপোনক নিমন্ত্ৰণ দি তেওঁলোকৰ পিনে চাই হাঁহি
ৰব।
বানে বিধ্বস্ত কৰা হৃদয় দুখনে,
লাহে লাহে লহপহকৈ সেউজীয়া হোৱা পথাৰত খেলিব।
বৰষুণৰ অনুৰাগী ময়ূৰীয়ে,
হাজাৰটা নতুন নতুন কৌশল শিকি উলাহতে নাচি
উঠিব।
স্বপ্নই মোক সেই মধুময় পলবোৰৰ সাক্ষী কৰি ৰাখিব।

****

এইখিনিতে ৰৈ দিবা কেতিয়াবা,
এই যে খালী হৃদয়খন অভিমানী হৈ আছে,
সেইটোৰেই মোৰ অনিৰ্দিষ্ট কালীন ঠিকনা।
কিন্তু বেছি ৰঙীন হৈ নাহিবা,
ৰংবোৰৰ বহু প্ৰস্তাৱ আহি অপেক্ষা কৰি আছে,

অৈপণত

সাধাৰণ শুভ্ৰ হ'লেই পূৰ্ণ হব উশাহৰ আশা

****

তোমাৰ আগমনৰ বাতৰি পাই,
বুকুত কিছু ভাললগা অনুভৱেৰে খেলিছিল।
বিষযুক্ত কবিতাৰ কোলাত,
উলাহৰ কিছু ছন্দই পখিলা হৈ নাচিব ধৰিছিল।
যৌৱনে যাদু কৰি থোৱা মনে,
জোনৰ সপোন দেখা জনীক আপোন কৰিব খুজিছিল।
মই কিন্তু তেতিয়াও ইমান বিলাসী নাছিলোঁ।
অন্ধকাৰৰ সামান্য জোনাকী জনীয়ে মোক হাঁহি এমুঠি
দিছিল।
উদং মনত বেবেৰিবাং বোৰৰ লগতে
তাইও লাহে লাহে অভ্যাস হৈ পৰিছিল।
যদিও অনুৰাগৰ ব্যৱধানত মগজুৰ অংকবোৰ নিমিলিল।
সেইয়া কোনো প্ৰেম নহয় বুলি জানো,
কিন্তু কিয় নাজানো মিছাতে অভিমানী কথাবোৰত
হৃদয়খন মম হৈ গলে।
সংগোপনে ৰাখিব চেষ্টা কৰা কাহিনীবোৰ,
ধীৰে ধীৰে কথোপকথনৰ ৰাগীত নিজে নিজেই ওলাই
পৰে।
নিশাবোৰৰ গভীৰতাৰ সুযোগ বুজি,
বাৰে বাৰে মিছাতে ভালপোৱাৰ মৰীচিকাই সাবটি ধৰে।
ইমান দিনে নীৰৱ হৈ থকা কলিজাটো,
মায়াৰ সৰগৰ আপোন আপোন লগা ভাৱনাত ডুবি গান
গাব খোজে।

কেতিয়াবা নিজেই নিজক উপহাস কৰোঁ,
কিয় যে ভৱিষ্যতত তমসা দেখা উতনুৱা মানুহজন
তাইৰ বুজনিত নিমিষতে শান্ত হৈ পৰে।
আচলতে কি এই অনামী সম্পৰ্ক?
মোৰ অভিধানৰ পৰিসীমাত নধৰে।

****

কেতিয়াবা এনেকুৱা অনুভৱ হয়,
যে তেওঁ এহাতত এমুঠি প্ৰেমৰ আবিৰ লৈ,
হাঁহিমুখে আন খনেৰে মোক ইঙ্গিত কৰিছে।
আৰু কেতিয়াবা এনে লাগে যেন,
মোৰ অনুভৱ খিনি একেবাৰে শুদ্ধ নহয়,
আচলতে তেওঁৰ আশাই মোক নাকচ কৰিছে।
মোৰ বুকুৰ শব্দবোৰক মন কাগজত,
আৰু এখোজা আগবাঢ়িব অনুমতি নিদিওঁ,
কাৰণ ঈশ্বৰে নিশ্চয় মোলৈ বুলি কিবা ব্যৱস্থা কৰিছে।
মাজে মাজে আকৌ এনেকুৱা লাগে,
যেন মোৰ পদূলিৰ গোলাপ জোপাই কেৱল,
প্ৰণয়ৰ আবতৰীয়া বৰষুণজাকৰ বাৰে বাৰে অপেক্ষা
কৰিছে।

****

শিৰোনাম ৰাখিম, ভাৱনাৰ কাগজত।
তেওঁ বুলি শব্দ লিখিম, স্বপ্নৰ আকাশত।
প্ৰতি পলে বাট দেখুৱাব, মনৰ চহৰত।
অচিনাকি আজি মই, তেওঁৰ হৃদয়খনত।

অনুভৱী মনে বাৰে বাৰে,টুকুৰিয়াই যায় প্ৰতিটো উশাহত
।

****

তেওঁৰ অতীত মোৰ শব্দ নহয়,
সেয়া কেৱল এখন ভঙা দাপোণ ।
বৰ্তমান গৈ যদি ভৱিষ্যত হয়,
তেওঁৰ সপোন এনেও মোৰ বৰ আপোন ।

****

কৃষ্ণচূড়াৰ দেশত ৰৈ থাকিম কেতিয়াবা ।
এজাক বৰষাৰ সৈতে আহিবা,
কল্পনাবোৰত কিছু আবেগ সানি দিবা ।
প্ৰতিটো টোপালে জীপাল কৰিব প্ৰতিটো কথা ।
সেউজীয়াত লীন হব দুটি উশাহ।
সৰি পৰা ফুল পাহে কৈ যাব হৃদয়ৰ গাথা ।

****

তুমি চোতালখন লেতেৰা কৰিব বুলি কৃষ্ণচূড়াক
অপমানিত কৰা,
মই আকৌ ভাললগা কৃষ্ণচূড়াৰ ৰঙাখিনি বুকুতে ৰাখিব
চেষ্টা কৰো,
সি মোক যিমানেই দিয়ক লাগে,
সপোন ভঙা তমসাৰ তিক্ততাপূৰ্ণ অভিজ্ঞতা.

****

সোণাৰু ফুলীয়া হাঁহিটোয়ে ফাগুন আঁকিছে সপোনত
দিঠকনো কিমান সময়,
সপোনৰ আমেজ শেষ নৌহওঁতেই আকৌ আহিব
তেওঁৰ ৰাগীয়ে মাতাল কৰিব জানে সেমেকা বতৰত
শেৱালিৰ অবিহনেই
তেওঁ এমুঠি স্বপ্নময় শৰৎ লৈ আনি দিব মোৰ কাষত.

****

এমুঠি স্বপ্ন আঁকি দিয়াৰ হেঁপাহ উকা দুগালৰ কেনভাছত
এফলীয়া মৰমেৰে উপচাই দিয়াৰ ইচ্ছা শেষ বুলি ভবা
জীৱনত
জোনাকী পৰুৱা হৈ ওলাব মন তমসাই পিছ নেৰা সেই
চহৰ খনত
জপিয়াই বহিব মন সময়ৰ সোঁতত উটি বাট হেৰুওৱা
নাওখনৰ বুকুত..

****

তোমাক উৎযাপন কৰাৰ হাজাৰটা অজুহাত বিচাৰি
উলিয়াম,
তুমি কেৱল হতাশ হব নিদিবা
তোমাতেই লাগি থকা মোৰ উমাল হিয়াক..
তোমাক অকল শৰৎ নহয় প্ৰতিটো ঋতুতে নিয়ৰ টোপাল
হৈ চুমিম,

তুমি কেৱল শেৱালি হৈ ৰঙাই থাকিবা
মোৰ উদাস হব খোজা মনৰ দুনিয়াক..

****

যদি কেতিয়াবা ৰংবোৰে লুকা-ভাকু খেলিব চেষ্টা কৰে,
এটি হাঁহি সানি দিবা নহলে, মৰুভূমি হব খোজা গাল
খনত ।
শব্দবোৰে যদি ফাকি দিব চেষ্টা কৰে,
কিছু স্বপ্ন সিঁচি দিবা নহলে, উকা হব খোজা মোৰ মনত ।

****

বকুল ফুলা বতৰ আকৌ আহি পাবনে,
হেঁপাহৰ শব্দবোৰত সুগন্ধি বিলাবলৈ ।
স্বপ্নৰ বতাহত আহত হোৱা বকুল এপাহে,
আহিবনে দূবৰিৰ ফাঁকেৰে বুকু ৰঙা কৰিবলৈ ।

****

ছায়া আৰু তোমাৰ পাৰ্থক্য বিচাৰি পালোঁ দিয়া,
এচিকুট অন্ধকাৰ হ'লেই ছায়াই হাতখন এৰি দিয়ে জানা,
হাজাৰ ধুমুহা আহিলেও তোমাৰ ভাৱনাই এৰি নাযায়
মোৰ হিয়া।

****

তেওঁক আকাশখনৰ শূন্যতাৰ নহয় বিশালতাৰ সমান সুখ
দিম

মোক হাজাৰ অশ্রু উপহাৰ দিলেও তেওঁৰ পথাৰখন
পলসুৱা কৰিম

যদিও আজি তেওঁ এই মৰমবোৰ ধূসৰ ধূসৰ
দেখিছে,এদিন সুধিম

কোৱাচোন এই যে কলিজাৰ সিৰাইদি বৈ থকা

অনুৰাগৰ ভালপোৱা বোৰ আৰু কিমান দিম????

****

কাঁইট মুঠিমাৰি ধৰি

গোলাপৰ সুবাস দিব পাৰো

ভয় লগা তমসা সাবটি

নিভাঁজ জোনাক আঁকিব জানো

সময়ে কিমান নিব আঁজুৰি

মৃত্যুৰ বাটেৰেই জীৱনৰ হিচাপ শিকিছোঁ...

.

****

সাগৰৰ গভীৰতাক ফেৰ মাৰিব পৰা ধৰণৰ

 চকুযুৰিৰ এটা সাদৰৰ চাৱনিত,

সলাজ বেঁকা হাঁহিটিয়ে ৰং লগাইছিল,

ছেকেণ্ডতে এই প্ৰেমাতুৰ মনটোৰে তাইৰ জীপাল বুকুত
এৰুব মাৰি

সাময়িক ৰং অকণ লৈ মোৰ কাষলৈ উভতি আহিছিল..

****

নগ্ন প্ৰনয়ৰ কোলাহল শুনি বিৰতি লৈছে হেঁপাহবোৰ
মই হেৰাই যাব ধৰা পলবোৰত কান্ধত হাতখন ৰাখিবা
যান্ত্ৰিক পৃথিৱীখনত নিজক লৈ বৰ ব্যস্ত সকলোবোৰ
তুমি অযান্ত্ৰিক ভাৱনাৰে দুচকুত আশাৰ জোনাক
আঁকিবা
আজিকালি বজাৰত বৰকৈ চলিছে কংক্ৰিটৰ হৃদয়বোৰ
তুমি কিন্তু মোক এখন সচাঁ তেজৰ নৈ বৈ থকা হৃদয়
দিবা
বৰ্তমান সময়ত বহুতে বেলেগকৈ সজাইছে প্ৰেমৰ
পৰিভাষাবোৰ
তুমি কিন্তু সিহঁতৰ দৰে প্ৰেমক বিলাসিতাৰ জোখেৰে
নাচাবা..

..

****

তুমি বৰ ধুনীয়া হব নালাগে,
তুমি কেৱল মোক সচাঁ অন্তৰেৰে ভালপাব জানিলে হ'ল!
তুমি বৰ জনপ্ৰিয় হব নালাগে,
তুমি কেৱল মোৰ বেনামী হৃদয়খন বুজিব পাৰিলে হ'ল!!!!

****

তুমি গোলাপ টোৰ নিচিনাকৈ সদায়
নতুনকৈ আৰু ৰঙা হৈ ফুলি ৰোৱা,
আকুলতাৰ হেঁচাত মই ছিঙি আনি জেপত

সাঁচি ৰখাৰ সপোন পুহি নাৰাখোঁ।
কাঁইটৰ ভয়ত মই সন্মুখলৈ খোজ নিদিম
 বুলি যাতে ভুল ধাৰণাও নোলোৱা,
সংযম ৰক্ষাৰ সক্ষমতা আছে যদিও
প্ৰতিবাৰ আবেগৰ নাওখন বান্ধি ৰাখিব নোৱাৰোঁ..

.

****

তোমাৰ মোৰ কাহিনী জনপ্ৰিয় হব নালাগে,
কেৱল মই ভবাৰ দৰে তুমি ভাবিব পাৰিলে হ'ল....
প্ৰেমৰ উদাহৰণ মুখে মুখে চলি থাকিব নালাগে,
 মই মুখ মেলিব নৌপাওঁতেই কব লগা খিনি বুজি পালে
হ'ল....
তোমাৰ বাবে মৰি যাম বুলিও কব নালাগে,
 কেৱল জীৱনৰ অন্ধকাৰ সময়খিনিত হাতখন এৰি
নিদিলে হ'ল....

****

এতিয়া তুমি নাথাকিলেও কথা নাই,
 বৰ ভালকৈ নিসংগতাত তোমাক অনুভৱ কৰিব
শিকিছোঁ!
বহু দিন হ'ল তোমাক দেখা পোৱা নাই,
কিন্তু ৰাতিপুৱাৰ ৰঙা খিনিৰ পৰা অন্ধকাৰৰ বৰষুণত
তোমাক সাবটিছো।
তোমাৰ ব্যস্ততাৰ সুযোগ বুজি তুমি খবৰ কৰা নাই,
 মই নিৰ্ভাৱনাৰ সময়তো তোমাৰ অস্পষ্ট ইংগিতৰ

ভাবনাত ভেবেকা লাগিছো।

****

তুমি যে এদিন কৈছিলা ভালপোৱা খিনি প্রকাশ কৰাৰ
কথা,
বৰ উন্নত মানৰ উত্তৰ দিব নোৱাৰিলেও কওঁ শুনা,
তোমাক ভালপাবলৈ নালাগে এসোপামান কাৰণৰ মালা,
মোৰ শূন্যতাৰ আকাশখনত তুমিয়েই একমাত্র ৰঙা
চিলা...

****

নিসংগতাই যদি কিবা কাৰণত তোমাৰ বুকুখনত হেঁচা
মাৰে,
ব্যর্থতাৰ বহু কেইখন প্রমাণ পত্র থকা এই প্রেমীক
জনলৈ মনত কৰিবা।
কৃষ্ণচূড়াৰ আৱৰণ খুলি ৰঙা খিনি আনি দিব নোৱাৰিম
চাগে,
অনুৰাগৰ আকাশখনত অগণন প্রণয়ৰ চিলা উৰা দেখি
হাঁহি থাকিবা।

****

কিয় জানো এনেকুৱা লাগিলে,
মোৰ শব্দবোৰ আৰু ৰঙা হব তুমি আহিলে।
অনুভৱ বোৰ বেছি মিঠা হব তুমি আহিলে।
কথাবোৰ কিবা বুজাব নোৱাৰা ভাল লাগে,

আউল লগা মনে কিন্তু কিবা কব বিচাৰে,
কেৱল অনিশ্চয়তাৰ ভয়ে বাৰে -বাৰে মাৰে।

****

কেতিয়াবা যাদু এটা শিকিব মন যায়।
অভিমানী ফাগুনীক ভুলাই চাব মন যায়।
বেঁকা হাঁহিৰ বাগিচা খন বুকুতে সামৰিব মন যায়।
প্ৰণয়ৰ বাৰিষাত সাঁতুৰি চাব মন যায়।
অনুৰাগৰ কবিতাত নিদ্ৰাহীন ৰাতি কটাব মন যায়।
আৰু ৰাতিপুৱাৰ উজ্জ্বল সূৰুযৰ কোলাত,
তেওঁৰ নামৰ গান শুনিব মন যায়।

****

আবেগত ভিজা সেমেকা সময়খিনিতে
ডাৰৰবোৰৰ ফাকে ফাকে নীলাখিনিয়ে চুমি আছে
ধূসৰ বাটৰ শেঁতা পৰা অব্যক্ত হেঁপাহে
সোণাৰুৰ হালধীয়াখিনি লৈ এখোজ দুখোজকৈ
আগবাঢ়িছে
জনশূন্য পথবোৰ সুযোগ বুজি লৈছে
বুকু জীপাল কৰা সলাজ হাঁহিটিয়ে সৰগৰ অনুভৱ
কৰাইছে
সেউজীয়াৰ সান্নিধ্যত ভাবনাৰ নৈ বৈছে
হাতে হাত ধৰি দুটি মনে মৰমসনা কথোপকথনৰ ৰাগীত
ডুবিছে

এজাক ভালপোৱাৰ ববৰষুণ নামি আহিছে
এটা ছাতিৰ তলতে দুটি শৰীৰে এখন হৃদয় কৰাৰ সপোন
দেখিছে

****

সন্ধ্যাসনা গাল দুখনত হেঁপাহৰ কেলি
কিছু নিলগৰ পৰা আহিবা বকুলবনৰ দূবৰি গচকি
শুভ্ৰ বৰণৰ দীঘল ফ্ৰক্ চোলাটো পিন্ধি
ধীৰে ধীৰে খোজ দিবা নিয়ৰ সেমেকা শৰতৰ গধূলি
মৰমলগা আবেগত আৰু কিছু ৰং সানি
স্মৰণীয় কৰি দিবা জোনাকৰ সেই নিৰিবিলি ৰাতি
কলাফুলত হাত লেম্পৰ সমানতা দেখি
মৰীচিকাই আবৰি ধৰিব স্বপ্নৰ নীৰৱ খেলখন দেখি
সময়খিনি সুৰাসিত কৰি দিবা আহি
শেৱালিৰ অনুভৱ সজীৱ কৰিবা প্ৰণয়ৰ মালা গাঁঠি
নিভাঁজ আবেগখিনিক আঁকোৱালি
এদিনটো নিশ্চয় আহিবা মৰম নদীৰ ঠিকনা বিচাৰি

****

ডাৰৰে   আজি   প্ৰতিটো   ওঁঠত   আবিৰ
সানিছে
ক'লা   ৰং   ভালপোৱা   হেপেহৰা   মনটো
আজি,
বৰষাৰ   আগজাননীত আকৌ   এবাৰ   সাৰ   পাইছে

।
এই যে প্রিয়াৰ অনুৰাগৰ আবেগ সনা
চিঠিখন,
টোপালবোৰৰ ভাষাৰে আহি বুকুৰ জেপত
সোমাইছে।
উপচি পৰা মৰমৰ নৈখন চেনেহৰ পঁজাৰ মুধাৰে
সৰি,
হৃদয়ৰ চোতালখন আকৌ এবাৰ প্ৰণয়ৰ বানে জীপাল
কৰি তুলিছে

****

লাজ লাজকৈ দেখা দিয়া ৰ'দে

এগালমান অনুৰাগ আনে..
সাজি-কাচি ব'হাগ হৈ আহিবা,
দৌৰা-দৌৰি কৰিব নালাগে
লঠঙা ফাগুনৰ দৰে।

****

মই বৰষুণ বৰ ভাল পাওঁ, আৰু
তোমাকো,
বৰষুণে পৰিৱেশ জীপাল কৰে, আৰু তুমি মোৰ
বুকুখন।
সেউজীয়াৰ পিয়াহ বুজি বৰষুণ
সৰে,

তুমিও একেই মোৰ নীৰৱ ঠিকনাত অৱসাদ বুজি ৰঙা
কৰা হিয়াখন।

বৰষুণে   সেউজীয়াৰ   কলিজাটো   ধুই
সৰিছে,

তুমিও এটি মিঠা ৰাগী হৈ প্ৰতিডাল সিৰাতেই তুলিছা
অনুৰণন।

খিৰিকীখনেৰে কোমল বতাহত বৰষা টোপালবোৰে
চিটিকি আহিছে,

তাৰ লগতে তোমাৰ ভাৱনাৰ আঁচল খনে চুমি গৈছে মোৰ
হৃদয়খন।

শুকান   চোতালখনৰ   পৰা   মাটিৰ   সুৱাস   উৰি
আহিছে,

আৰু অনুৰাগৰ সুৰীয়া বাঁহীৰ মাতত নাচি উঠিছে আকুল
সময় কণ।

টোপালবোৰ   ছাতিৰ   ভাঁজে   ভাঁজে   জিলিকি
বাগৰিছে,

এনেতে তোমাৰ অদৃশ্য হাতখনে আহি

মোৰ গালত আঁকিছে ভালপোৱাৰ ছবিখন।

আজি বাৰিষাৰ ভয় একেবাৰেই নোহোৱা হৈ গৈছে
জানানে,

প্ৰণয় বানৰ শেষৰফালে প্ৰীতিৰ অনুভৱেৰে পলসুৱা হব
দিম উদং যৌৱন।

বৰষুণজাক আহিলেই তোমালৈ এনেদৰেই মনত পৰে,

হেপেঞুৱা সপোনৰ প্ৰতিটো বাটত সোণাৰুৱে দলিচা
পাৰে,

শূন্যৰ বুকুত এচপৰা ডাৱৰৰ মিচিকিয়া হাঁহি দেখিলেই
তুমি অহাৰ বতৰা ভাহি আহে,

ইমান দিনে ছন পৰি থকা মন পথাৰখনে নিমিষতে নতুন
সেউজীয়াৰ স্বপ্নৰ মালা গাঁঠে,
ইমান গভীৰ ভাবে তুমি অনুমান কৰিব নোৱাৰিবা চাগে,
কেনেকৈ উশাহবোৰ উতনুৱা হৈ পৰে কিনকিনিয়া
বৰষুণজাকতে,
কেনেকৈ মোৰ চকুযুৰিয়ে, নীৰদে আওঁৰি ধৰা জোনাকত
তোমাক দেখে,
কেনেকৈ ফাগুনৰ অনুপস্থিতিত কেৱল তোমাৰ ভাবনাই
দুগালত আবিৰ সানে,
সচাঁকৈ প্ৰতিবাৰ বৰষুণে ডাকোৱাল হৈ তোমাৰ নামৰ
ৰঙীন চিঠি আনে।

****

হাতৰ পৰা হাত এখন পিছলি পৰিল,
শেষ বুলি নহয়
কিবা এটা নতুনৰ গোন্ধবৰ ভাললগা!
কান্ধত পৰি থকা অবসাদৰ মূৰটোৰে বিদায় মাগিল,
চিৰদিনৰ বাবে নহয়
কিন্তু চকুত এচপৰা ক'লা ডাৱৰ অশান্ত,
অনুভৱ আকৌ এবাৰ প্ৰনয় যেন লগা!

নাজানো কোনে ক'ত কেনেকৈ প্ৰেমত পৰে
বহুদিনৰ অপেক্ষাৰ পিছত নহয়,
এপলক সাদৰত জীৱনৰ চুক্তি সমাপ্ত,
এই এটাও লক্ষণ চাগে
কোনোবাক ভালপোৱা..

হেপাঁহৰ কোনো সীমনা নাথাকে,
ধুমুহাৰ কোনেও ঠিকনা নাজানে,
ই লৈ আহিব পাৰে
য'তে-ত'তে যেনেকে-তেনেকে বসন্ত,
আৰু দুহাত মেলি সাবটি চিঞৰিব পাৰে!
"নৈখনৰ নিচিনাকৈ বুকুতে বৈ যোৱা"..

ভুমিকম্পৰ জোকাৰণিক ভয় কৰা ল'ৰাটোৰে,
বুকু ফিন্দাই সপোনৰ বালিঘৰ সাজিছে,
অশ্ৰুৰ বাৰিষা হৈ উটুৱাই লৈ যোৱা যদি নিয়া,
নহ'লে নীৰৰ মনটোক আঁকোৰালি চোৱা,
কিজানিবা তুমিও তাত সৰগ বিচাৰি পোৱা!!!!!

****

কেতিয়াবা বুকুখন জ্বলা যেন অনুভৱ কৰিলে মনত
কৰিবা,
দুবাহুত সজোৱে সাৰটি উশাহৰ নৈখনেৰে জুইকুৰা শুহি
লৈ যাম
বিষাদৰ কোলাহলত মূৰৰ বিষ হ'লে,
মোৰ নীৰৰ কোলাত আহি জ্বুবুৰিয়াই দিবা,
এটা এটাকৈ প্ৰতিটো বিষ ধুই লৈ যাম
তুমি উচ্চাকাংক্ষাৰ জখলা বগাই ভাগৰি পৰিলে মাত
লগাবা,
তাৰ এখোজ আগত মোৰ জুপুৰিটো আছে,
দুচকুত ফুৰাই-ফুৰাই টোপনিৰ দেশলৈ লৈ যাম
মোৰ অনুৰাগৰ প্ৰমাণ লাগিলে কলিজাখন জুমি চাবা,

প্ৰতিডাল সিৰাইদি দৌৰি আছে তোমাৰ নামৰ স্বাভিমান

মোৰ প্ৰতি তোমাৰ অনুভৱৰ উমান নালাগে,
মই সৰাপাতৰ বুকুতেই পুতিব জানোঁ প্ৰেমৰ নিচান
চিৰস্থায়ী বুলিবলৈ কিনো আছে,
ভূমিকম্পৰ ধেমালিত ভাঙিব পাৰে হিমালয়ৰ অভিমান
হাতখন এৰি দিলে আহিব পাৰে বিষাদৰ বৰষুণজাক,
তুমি বিচাৰিলে অশ্ৰুৰ বাৰিষাত সাঁতুৰি হাঁহিৰে জীৱন নৈ
পাৰ হৈ যাম...

****

সেইযে মোৰ বাগিচাৰ
ৰং হেৰাই যোৱা গোলাপ জোপা,
তোমাৰ ওঁঠৰ পৰশত
মতলীয়া ৰাগীত ফুলি উঠিছিল
তোমাৰ আঙুলিৰ বুলনিত,
বিষে কোঙা কৰিব চেষ্টা কৰা
ভাগৰুৱা শৰীৰৰ প্ৰতিডাল সিৰাইদি
মিঠা অনুভৱ দৌৰি আছিল..

তোমাৰ দুচকুত ক'লা ডাৱৰ নমা যেন লাগিলে
মোৰ বুকুখন নিৰাশ ধুমুহাজাকে নিৰস কৰে
সেইযে আকাশে বৰষাৰ আগে আগেধোৱা বৰণৰ ছবি
আঁকে
মোৰ মনে ছেকেণ্ডত তোমালৈ উৱা মাৰে
কিজানিবা তোমাৰ চোতালৰ শেৱালি জোপাই

তমসাৰ বাৰিষাত কান্দিব ধৰে..

কোনে কয় একপক্ষীয় প্ৰীতিত হৃদয় নভৰে
তোমাৰ সাগৰখনত হাঁহিৰ জোনটো জ্বলিলে
মোৰ বালিচৰত হেপাঁহে অনুৰাগৰ মেলা পাতে
সেই সাগৰৰ চুনামীৰ খবৰ শামুকে নৌপাওঁতেই
মোৰ আবেগে টানি লৈ যায় তোমাৰ কাষলে...

****

ভয় লাগে
এই বৰ ভাললগা অনুৰাগৰ অভ্যাস,
কোনোবাদিনা নোহোৱা হৈ যাব নেকি!!

ভয় লাগে
সেইযে মানুহৰ প্ৰতি বিশ্বাস হেৰুওৱা দিনবোৰ,
কেনেবাকৈ উভতি আহিব নেকি!!

ভয় লাগে
এইযে দিনে-দিনে প্ৰণয়ে আশাৰ বকুলৰ মালা গাঁথি
আছে,
প্ৰেমৰ সমাধিতে বাগৰি স্মৃতি হৈ ৰ'ব নেকি!!

ভয় লাগে
এইযে সকলোকে কঠোৰ হৈ দেখাব খোজা কপাহী
মানুহজন,
আবেগৰ কোলাহলত আকৌ উচুপি উঠে নেকি!!

ভয় লাগে
তোমাৰ নৈখনক বুকুত সাবটি সাগৰ হোৱা সপোন দেখা
হ্ৰদয়ে,
আকৌ কেৱল নিজস্বতাকে আপোন বুলি অকলে খোজ
দিব লাগিব নেকি!!

ভয় লাগে,
কেতিয়াবা বৰ ভয় লাগে !!

****

সেইযে গোন্ধটো,
নাকতে লাগি থাকে বাৰে বাৰে।
সেইখিনি সময়ত,
মনত কেৱল তুমিয়েই থাকা চাগে।

আহঃ
কিবা এটা বৰ ভাললগা আবেগে,
এৰাব নোৱাৰাকৈ সাবটি ধৰে।
প্ৰণয় সমীৰত,
তুমি নামৰ গোন্ধটো লীন হোৱাৰ লগে লগে।

সেই গোন্ধত,
কিবা এটা যাদু আছে।
কোনোবা অজান দেশত থাকিলেও,
তোমাৰ কাষলৈ লৈ যাব পাৰে নিমিষতে....

অৰ্পণত

****

সম্বন্ধবোৰ উশাহ,
উশাহৰ বাট সলনি হয় মাজে মাজে।
মাজনিশা খহি পৰা,
নৈখনৰ গৰা,
কোনেনো খামুচি ৰাখিব পাৰে!

জুন মাহৰ বৰষুণজাকৰ দৰেই আহিবা,
বিষাদৰ তিক্ততা ধুই,
ৰ'দে পোৰা বুকুখন ঠাণ্ডা কৰিবলে।
একো বিশেষ আশ্বাস দিব নোৱাৰিম,
যদি কপালে মোৱে বুলি টানে,
ছাতিটোৰ নিচিনাকৈ পাবা!জীৱনৰ ৰ'দে বৰষুণে......

প্ৰণয়ৰ গান গোৱা বহু দেখিছোঁ,
বালিচৰৰ মৰীচিকাৰ দৰে।
ভ্ৰমিত হৈ মুখাৰ আশ্ৰয় লোৱা,
বহু স্বপ্ন অশ্ৰু হোৱা দেখিছোঁ,
ভোজ দিবলৈ এমাহ আগতে আনি,
লালন-পালন কৰা ছাগলীটোৰ দৰে।

গধূলি দুয়ো একেলগে বৰষুণত তিতিম,
দিনটোৰ ভাগৰ খেদিবলে।
ৰাতি জ্বৰ অনুভৱ কৰিলে
মোৰ বুকুত মূৰ গুঁজি দিবা,
পেৰাচিটামল কি প্ৰয়োজন!

সৰ্গ দেখাব উমাল পৰশে।

****

বেবেৰিবাং আশা...

আকাশ জোনাক তৰাৰ কথা বহুত হ'ল,
তোমাৰ প্ৰতি থকা অনুৰাগক ইমান সহজলভ্য
শব্দবোৰেৰে বুজাব পৰা নাযাব..
যদিও মোৰ অনুভৱখিনিৰ প্ৰায়ভাগে আজিলৈকে
অপ্ৰকাশিত হৈ থাকিল,
তোমাৰ প্ৰণয়ৰ মানসিক ৰোগত মই ইমানলৈ আক্ৰান্ত
যে তেজপুৰৰ সকলোতকৈ অভিজ্ঞ ডক্তৰ জনেও হাত
দাঙি দিব..
হয়তো বাটত মানুহে দেখাকৈ মই তোমাৰ হাতখনত ধৰি
খোজ দিব নোৱাৰিম,
কিন্তু যদি কোনোবাই তোমাৰ পিনে দুঃশীল নজৰ দিয়ে,
মোৰো সেই কালেকো কেৰেপ নকৰা ৰাস্তাৰ মদাহীটোৰ
নিচিনাকৈ
নিজকে পৃথিৱীৰ আটাইতকৈ শক্তিশালী বুলি ভাবি উত্তৰ
দিয়া যাব..

তুমি মোৰ কলিজাত আঁকি দিয়া চুমাৰ দাগ বোৰত,
কংক্ৰিটৰ শেলুৱে আঁতৰাব ব্যৱহাৰ কৰা লোহাৰে নিৰ্মিত
ব্ৰাশ্বডাল ব্যৱহাৰ কৰিলেও নাযাব..
মোৰ আঘোণত সোণালী হোৱা পথাৰখনৰ খবৰ লৈছানে
কেতিয়াবা!!

তোমাৰ হাঁহিত ফুলা সুবাসৰ পৰশত সি চিৰযৌৱনা..

মই প্ৰতিটো ৰাতিপুৱাই হেপাঁহৰ পিঠিত উঠি তোমালৈ
বুলি উৰা মাৰোঁ,
কিজানিবা মোৰ প্ৰিয় আকাশখনৰ বুকুতেই তুমি দেখা
দিয়া..
নীলাবোৰে মোক হাঁহে কেতিয়াবা!!
'তই সচাঁকৈ বুৰ্বক,কিয় শূন্যতাত বিচাৰি থাক সুখৰ
ঠিকনা!
মোৰ উত্তৰ একেটাই—শূন্য নাথাকিলে জানো লাখৰ মূল্য
আছে!!
আৰু এটা কথা,
সুখাভিলাষী মনবোৰে তমসাৰ ৰাতিও বিচাৰি
পায়,জোনাকৰ ঠিকনা!

মোৰ আতুৰ হৈ থকা চহৰখনত তোমাক লৈয়ে যত
যিমান ব্যস্ততা..
তুমি আহিলে চোতালত দলিচা পাৰিবলে
এতিয়াও নুফুলাকৈয়ে ৰৈ আছে মোৰ কৃষ্ণচূড়া জোপা..
গধূলি হোৱাৰ লগে লগেই প্ৰতিদিনৰ দৰে আজিও বাট
চাই আছিলোঁ
প্ৰিয় বকুল জোপাৰ তলত কান্ধখন পাতি,
কিজানি তুমি আহি মূৰ গুঁজি দিবা..

এনেকুৱা সৰু সৰু এহেজাৰ আশা!
বুজি চাবা চোন কেতিয়াবা অনুভৱী কবিতাৰ ভাষা!
কিমান কি কৰিব পাৰিম নাজানোঁ,

কিন্তু দৃঢ়তাৰ ক'ব পাৰিম যে
মোৰ চহৰত হাঁহিৰে আৰম্ভ হ'ব প্ৰতিটো ৰাতিপুৱা!
উমাল বুকুত জীপাল হ'ব জীৱনৰ প্ৰত্যেকটো নিশা...

****

অনুভৱৰ সংগ্ৰহ - ৩

উচ্চাকাংক্ষাৰ আকাশখনৰ সপোন দেখি,
ৰঙা সপোন দেখা সময়ৰ আৰু কিমানখিনি বাকী,
আধুনিকতাৰ দেশত নিজস্বতাক দি দিয়াজন ক'ত পাবি,
আজি মৰীচিকাৰ ছায়া পৰা উতনুৱা মনৰ উন্মাদনাৰ
হাঁহি,

তমসাৰ ৰাতিটো পাৰ হ'লেই জগাই দিব মোক
কেতেকীয়ে সুহুৰি মাৰি...

****

জীৱন বাটত পাইচাৰি লগাই হেঁপাহৰ সুৰুঙা বিচাৰিছোঁ
মৰীচিকাই এবাৰহে কষ্ট দিছে ৰঙীন সপোনবোৰৰ মায়াত
প্ৰতিবাৰেই অহা ফাগুনবোৰৰ দৰে আবিৰ সানিব
খুজিছো
মৌলে বুলি এগাল প্ৰনয় ৰৈ আছে এপাহ গোলাপৰ
ছায়াত
হেপেছুৱা মনক এখোজ পিছুৱাই দুগুণ উছাহেৰে জীয়াই
তুলিছো

স্বার্থপৰতাৰ নৈখন প্ৰীতিৰ নাওখনেৰে পাৰ হৈ যাম এদিন
হঠাৎ...

****

মোৰ বুকু খহি পৰে
আউলী যাব ধৰে
ঘামত পচি যাব ধৰা ঘা টুকুৰাৰ দৰে
যুঁজি যুঁজি হাওলি পৰা সৈনিকটোৰ দৰে
কেতিয়াবা নোপোৰাৰ ভয় এটা জন্মে
ভাবনাবোৰ খুলি মেলি বুজাব নোৱাৰিলে

****

দুটি শব্দ হৈ ওঁঠেৰে বৈ থাকিল হৈ,
ভাবনাৰ টোপালবোৰ ,
বৰষাৰ বাতৰি নাপালেও ।
যদি উদাস মনৰ দুৱাৰডলিত
তুমি নামৰ সপোনটোৰে ,
ৰং বুলাই থাকিলহেঁতেন,
দিঠকত নাথাকিলেও ।

****

এটি নিশা আহিল মানে এটি সপোন আহিল,
সপোনৰ কোলাত এটি মাতাল কবিতা আহিল,

দুচকুত কিছু ভগ্ন অনুভৱ আহিল,
অতীতৰ কিছু স্মৃতিৰ বেদনা আহিল,
নতুনত্বৰ কিছু হেঁপাহ আশাৰ ৰং লৈ আহিল ।।।।।

****

দূপৰীয়া হ'ল জীৱনৰ ..
হালধীয়া হ'ল সময়বোৰ..
এটি মধুৰ গীত শেষ হ'ল..
প্ৰতিপল মনত সুন্দৰ শব্দ হৈ ৰ'ল..
নতুন গীতত এই সুৰ পাম জানোঁ..
নতুন শব্দবোৰৰ লগত চিনাকি হব পাৰিম জানোঁ..

****

শূন্য হব খোজা সময়ে আমনি কৰিছে,
নিৰৱ ভাবনাৰ মোনা খন উপচি পৰিছে,
বিষাদৰ কোলাহলত স্বপ্নৰ বুকুত ডাৱৰ সৰিছে,
নিৰ্যাতিত মোৰ মনে কেৱল ফাগুন মাগিছে ।।।

****

নতুনকৈ পোখা মেলা সপোনটোৱে,
দুখোজ নিলগৰ পৰা হাত বাউলি মাতিছে।

বৰষুণৰ আগজাননী আজি,
প্ৰতিটো চৰাই কিছু সুৰ মিলাই বুজাইছে।
সেমেকি উঠা শেৱালিৰ সুবাসে,
নিয়ৰৰ খবৰ দিব চেষ্টা কৰিছে বাৰে বাৰে।
কিন্তু সময়ে কেৰল,

ভঙা অতীতৰ টুকুৰা কেইটা দুচকু জিলিকাই তুলিছে।

****

অশ্লীলতাত প্ৰেম নাথাকে
মাত্ৰ কামনাৰ অস্পষ্ট আকৰ্ষণ এটা থাকে
ভালপোৱাৰ ঠিকনা নাথাকে
কেৰল অচিনাকি হাঁহিবোৰ প্ৰতিপলে ধৰা দিয়ে
ভাললগাক সকলোখিনি নালাগে
কেৰল হাতত হাতখন থৈ এৰি নিদিওঁ বুলি শুনিব বিচাৰে

****

তোমাৰ অমনোযোগীতাৰ পৰা বিৰহৰ সপোন দেখা
আৰম্ভ হৈছে
হয়তো তুমি নজনাকৈ উতনুৱা প্ৰেমিকৰ হৃদয়খন উচুপি
উঠিছে
অনিশ্চয়তাৰ কোনোবাখিনিত ভয়ৰ কিছু গজালি গজিব

ধৰিছে

****

যিটো সময়ত তুমি জেতুকাৰ ৰং নলগা বাবে কান্দি আছা,
মই স্বপ্নৰ ভৰ সহিব নোৱাৰি অস্থিৰ মন এটা পুহি
ৰাখিছো।
তুমি আজিও ৰঙীন পুতলাটো নিদিয়াৰ বাবে ঠেহ
পাতিছা,

মই কিন্তু হাজাৰটা ৰংৰ উৎসৰ বিছনা খনতে শেষ
কৰিছো।

****

অভিমানৰ খেলখন আৰু কিমান দিন চলিব,
প্রণয়ৰ বালিচৰত হেঁপাহৰ ঘৰ সাজি থাকা এতিয়া,
দুদিন পিছত সময়ৰ সোঁতে ছেকেণ্ডত উটুৱাই লৈ যাব,
হতাশ নহ'লে হ'ল, সময়ক ঠগিব পৰা নাই আৰু
আগলৈও নোৱাৰিব...

****

আজিকালি ৰাতিবোৰলৈ বৰ ভয় লগা হ'ল
চিনাকি সপোনবোৰৰ ভৰত মগজুৱে শুব নোৱাৰে
বৰ্তমান অন্ধকাৰ আগতকৈ বেছি প্ৰিয় হ'ল
কাৰণ জন্মৰ পৰা পোহৰত থকা জনে পোহৰৰ মূল্য
নুবুজে...

****

এদিন সপোনেও ভাগৰি পৰে
হেঁপাহবোৰ এদিন থমকিব ধৰে
আশা আকাংক্ষা অচল হৈ পৰে
হাবিয়াস হালধীয়া হৈ সৰিব ধৰে

যেতিয়া সময়ে জীৱনৰ পৰিভাষা বুজাব ধৰে.....

****

জোনাক ভালপোৱা বুলি শুনিছোঁ,
মোৰ উদং আকাশখনত হাঁহি আঁকিব পাৰিবানে?
তমসাৰ বুকুত পোহৰ সিঁচা কথা শুনিছোঁ,
সৰি পৰা তৰাবোৰৰ সন্ধান উলিয়াই দিব নোৱাৰিবা
চাগে!!

****

তুমি ৰিক্ত বুকুত গোলাপ ৰোৱাৰ সপোন দেখিছা,
চিন্তা নকৰিবা,অশ্ৰুৰ বাৰিষাৰে পলসুৰা হৈ আছে হিয়া,
কেৱল আনৰ চকুত নপৰাকৈ ৰাখিব চেষ্টা কৰিবা,
সময়ে নজৰ লগালে,কাঁইটে আকৌ দুয়োটাকে আঁচোৰ
মাৰিব চাবা...

****

তুমি সেইদিনা ধুনীয়া হ'বা,
যিদিনা তুমি অনৰ্থক আত্ম-গৰ্ব দলিয়াই দিবা
তুমি সেইদিনা মৰমলগা হ'বা,
যিদিনা তুমি পিন্ধি থকা লুভীয়া মুখাখন খুলি পেলাবা
তুমি সেইদিনা আকৰ্ষণীয় হ'বা,
যিদিনা তুমি ওঁঠত কেৱল সচাঁ হাঁহিৰ লিপ্ষ্টিক লগাবা
তুমি সেইদিনাৰে পৰা প্ৰেমৰ যোগ্য হ'বা,
যিদিনা তুমি স্বাৰ্থপৰতাৰ দাগী কাপোৰযোৰ এৰি,

নিঃস্বাৰ্থ মনেৰে শুভ্ৰ চাদৰখন দেহত মেৰিয়াই ল'বা...

****

গোপনে জন্ম হোৱা অনুৰাগৰ চুনামীৰ খবৰ,
কোনজন প্ৰেমিকক আগতীয়াকৈ কোনে দি গৈছে।
প্ৰতাৰণাৰ হাজাৰ ইংগিত পোৱাৰ পিছতো,
সি তাৰ লাখ টকীয়া প্ৰণয় নিলাম কৰি গৈ আছে।

দুমুখীয়া মনৰ উচ্চাকাংক্ষাৰ হাবিয়াস বোৰক,
সি এতিয়াও সৰলতাৰ একমাত্ৰ উদাহৰণ বুলি ভাবি
আছে।
প্ৰতিবাৰে দেখুওৱা অভিনয়ৰ মিছা অজুহাত বোৰত,
সি আকৌ নতুনকৈ পোখা মেলা প্ৰীতিৰ অনুভৱ কৰি
আছে।
যদি কেতিয়াবা অব্যস্ত পৰত মিঠা মাত এষাৰ লগাইছে,
ততালিকে সি সমস্ত এৰি নিজক তাইৰ বাবে ব্যৱহাৰ
কৰাই দিছে।
তাই নিজৰ বাবে ৰখা ৰঙেৰে কেৱল নিজকে ৰঙাইছে,
সি আকৌ নিজৰ আবিৰ খিনি কেৱল তাইলৈ বুলি সাঁচি
সাঁচি ৰাখিছে।
তাই সংগোপনে বৰ ধুনীয়া মুখা এখন পিন্ধি দেখাই আছে,
সি অজানিতে প্ৰতিডাল সিৰাত তাই নামৰ বিষাক্ত ৰস
কঢ়িয়াই ফুৰিছে।
তাই জোনৰ কান্ধত বহি জোনাকি পৰুৱাৰ আশাত
ভ্ৰমিত হৈছে,
সি সাগৰ সাঁতুৰিব পৰা ক্ষমতা ৰাখি পুখুৰীটোক
মহাসাগৰ বুলি ভাবিছে।
তাই তাৰ অমূল্য নিভাঁজ মৰমবোৰক মূল্যহীন বুলি
মোহাৰি দিছে,
আৰু সি এই বিষয়ে জানিও নুবুজাকৈ প্ৰেম নামৰ
মানসিক ৰোগত ভুগিছে....

****

তাই গুচি গ'ল ভালেই হ'ল

মোৰ বাবে ধুনীয়াৰ পৰিভাষা সীমিত আছিল

এতিয়া নৈখনৰ নিচিনাকৈ বৰ বহল হৈ গ'ল

তাই গুচি গ'ল ভালেই হ'ল

মোৰ বাবে উন্মনা ফাগুন কেৱল তাইহে আছিল

এতিয়া আগৰ দৰে সকলো ঋতু প্ৰিয় হৈ গ'ল

তাই গুচি গ'ল ভালেই হ'ল

মোৰ বাবে হেঁপাহৰ একমাত্ৰ ঠিকনা তাই আছিল

এতিয়া আকৌ মোৰ চৌদিশ হেপেন্থৰা হৈ গ'ল

তাই গুচি গ'ল ভালেই হ'ল

মোৰ অপ্ৰিয় বিলাসিতাৰ কোলাহল তাইৰ প্ৰিয় আছিল

এতিয়া আগৰ দৰে নীৰৱ প্ৰণয় মোৰ উশাহ হৈ গ'ল..

****